鄧南光的
時代見證
出征遊行，臺北，一九四二。

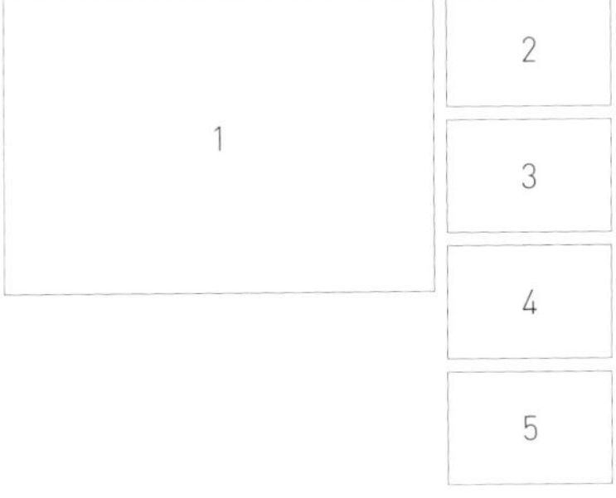

❶ 轟炸後的城中區廢墟，臺北，一九四五。

❷ 鄧騰釬（鄧南光二哥）出征紀念，北埔，一九四五。

❸ 中壢望族吳鴻麒（揮手者）與吳鴻煎兄弟應召出征送行會，中壢，一九四五。

❹ 盟軍飛機被擊落一剎那，臺北，一九四五。

❺ 百姓蒐尋墜機殘骸，臺北，一九四五。

學生動員大會，臺北，一九四一。

以上鄧南光攝影作品來源：夏門攝影企劃研究室提供

塩澤亮

雙冬疏開繪卷節選

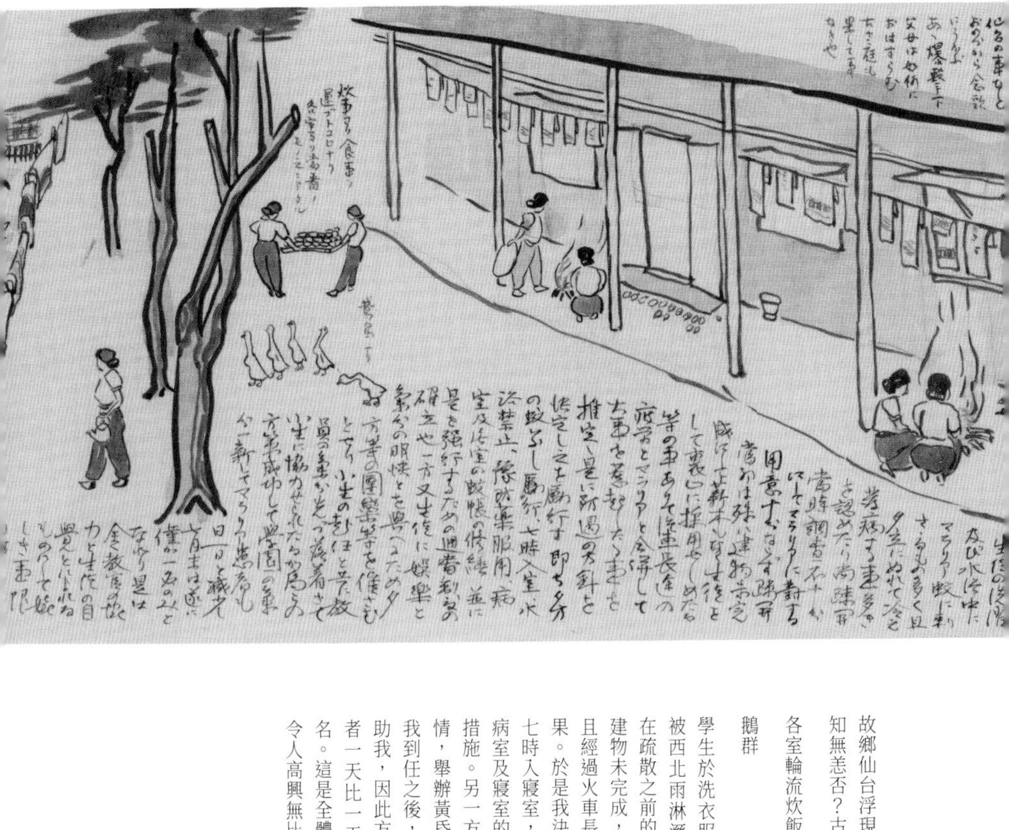

故鄉仙台浮現腦海。啊！敵機空襲下的父母，不知無恙否？古老的庭園今日是何情景？

各室輪流炊飯及搬運飯菜。

鵝群

學生於洗衣服及洗澡時，常被瘧蚊叮咬。而且被西北雨淋溼而發冷的身體，最易生病。況且在疏散之前的調查不足，欠缺預防瘧疾的準備。建物未完成，薪木未備，還叫學生去後山拾柴，且經過火車長途的疲勞，加上瘧疾，才造成大惡果。於是我決定防止的方針：勵行黃昏的燻蚊，七時入寢室，禁止冷水浴，服用預防藥品，修補病室及寢室的蚊帳，並確立值日制度以強化上述措施。另一方面，為了給學生們娛樂與開朗的心情，舉辦黃昏聯歡會等。

我到任之後，教員們的心情漸趨穩定，亦樂意協助我，因此方策成功而學園的氣象一新。瘧疾患者一天比一天減少，到了七月底，患者只剩一名。這是全體教員之協助與學生們的自覺所致，令人高興無比。

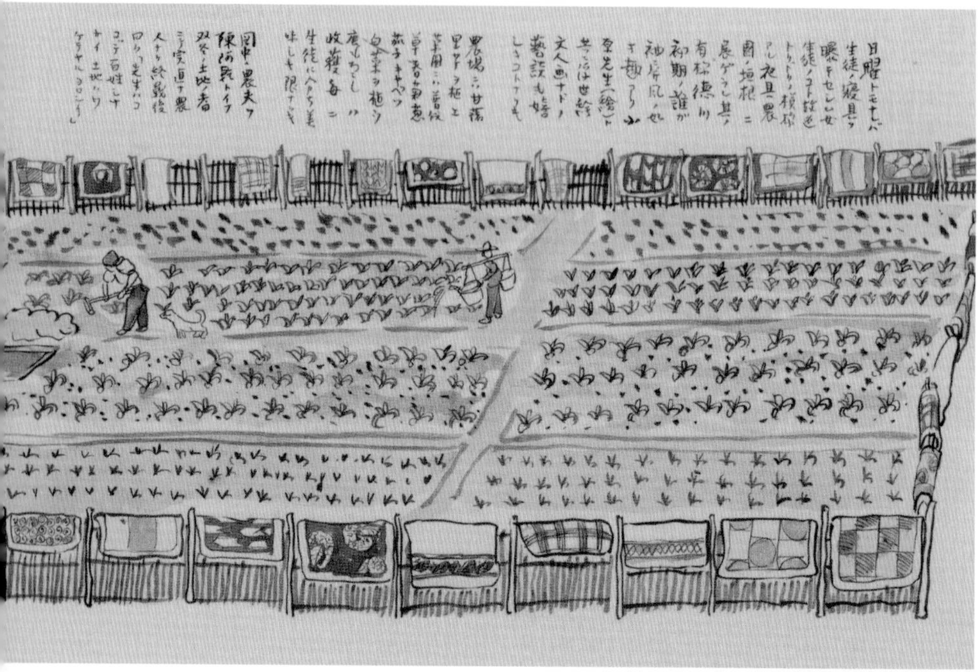

一到星期日，就叫學生曬棉被。因為是女學生，所以被單的花樣五顏六色。掛在農園的圍牆上，有如德川初期某將軍的袖屏風之雅。與小原先生（繪中人物）談笑，說這就是浮世繪的文人畫，令人會心而笑。

農場種番薯、山芋。菜園裡種有茼蒿、蔥、茄子、高麗菜、白菜、玉米等。每有收成，就分給學生，大家吃得津津有味。

圖中的農夫名叫陳阿乾，是雙冬本地人，忠厚的農民。戰爭結束後，他說：「請老師在這裡當農夫，我把土地分給您。」

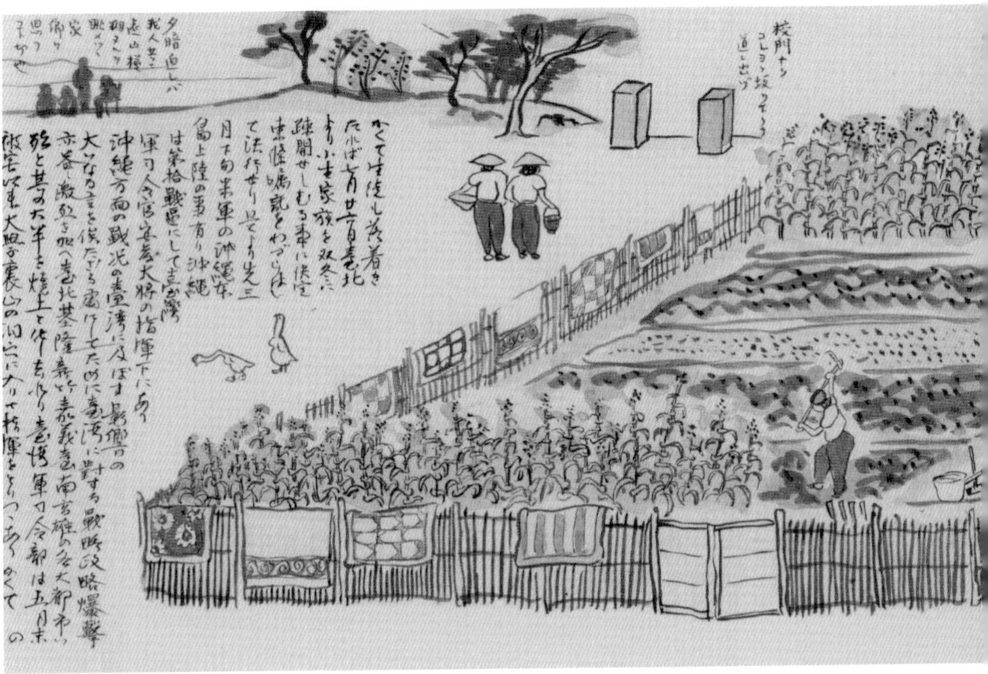

從校門下坡便是道路

天色昏暗下來，我們就在校園中眺望遠方的故鄉。

如是，學生們漸趨安定。於是七月二十六日，決定把我的家族從臺北疏散來雙冬，便麻煩東條「囑託」北上。前此，三月下旬美軍登陸沖繩本島。沖繩為第十戰區，屬於臺灣軍司令官安藤大將指揮下的地區。沖繩方面的戰況對臺灣影響之大，自不待言。因此，美軍對臺灣的戰略性、政略性轟炸愈來愈激烈。臺北、基隆、新竹、嘉義、臺南、高雄各大都市大半被毀。

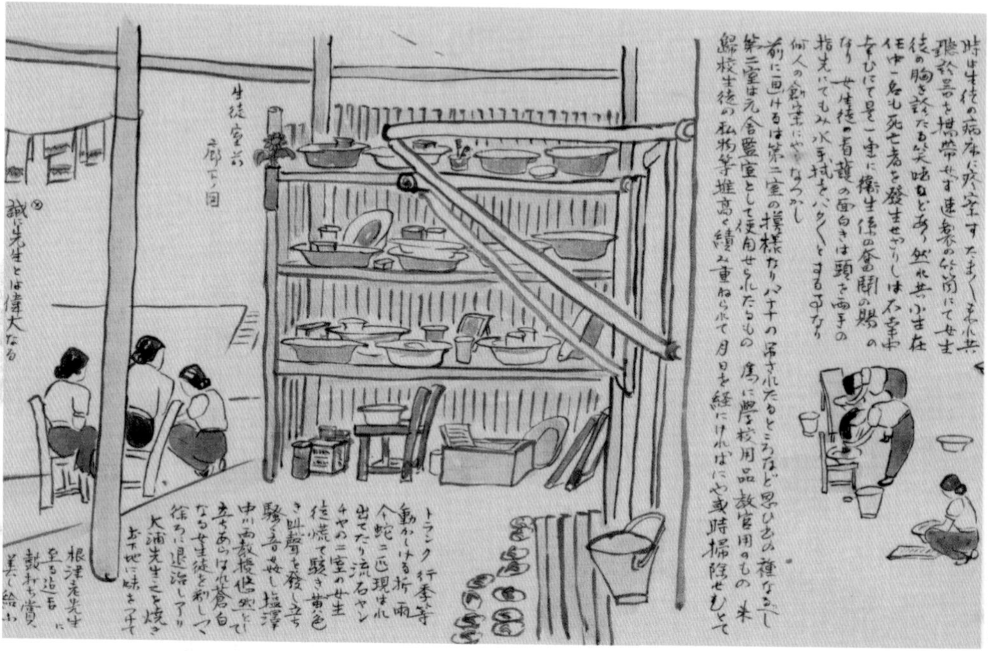

精一弟來雙冬時，叫他一起診療學生，但他忘了把聽診器帶來，便用竹筒臨時做了一個聽診器，擱在女生胸前斷診，不禁令人發笑。總之，在我任職中沒有一個病死者發生，實不幸中之大幸，這也是衛生組員奮鬥所賜。女學生的看護真有趣，用兩手的指尖按摩頭部，然後用毛巾沾水猛拍。此法不知何人所發明。

前面有一圖是畫第二寢室的模樣。室內掛著香蕉，令人懷念。第二寢室本來做為舍監室，因此學校用品、教員用品及未歸校的學生個人東西，堆積如山，塵封日久，不得不清掃，移開行李箱，赫然出現兩條雨傘節。即使是潑辣的二室女生，也驚慌得發出尖叫聲。塩澤、中川兩教授不慌不忙，把蒼白的女生們擋在一邊，而把二蛇打死。大浦先生把牠烤一烤，加上味料，連根津老先生都吃得津津有味。

學生寢室前的走廊

以上圖說和圖片來源皆為：塩澤亮繪著、張良澤譯（二〇〇六）《從臺中雙冬疏散學校到內地復員——一位臺北女子師範學校教授在戰爭末期的紀錄》。南投：國史館臺灣文獻館。

終戰那一天

【臺灣戰爭世代的故事】

目錄

第二部分　後方

第三部分　外圍

序論　戰爭的故事，不應隔斷於臺灣

蘇碩斌

有一種戰爭的故事，隔斷於一個世代的臺灣。

故事並非人人都講得好。德國文化思想家班雅明（Walter Benjamin）主張，故事是人與人的生命經驗之交換，因此走了極遠如水手、活著極久如老農，因為屢屢瀕臨死亡召喚，說起故事特別血肉豐滿。

從戰場歸來，更應有甘苦動人的故事。二次大戰的臺灣人，也是如此？並不。終戰那一天起，他們竟然整個世代沉默不語。他們從日本時代進入戰爭之時，有人還寄情未來的理想、甚至期盼世界的和平；但是離開戰場之際，出口卻是中華民國，肉體在戰場的苦最好遺忘，因為說出來恐怕更痛。

相對的，他們的兒孫不僅沒有戰爭經驗，直至「八八課綱」實施的一九九九年以前，都還在高中歷史第三冊讀著「第二十八章：八年抗戰」的中原史觀，讚嘆以持久戰略困住日本的灼見，激憤於「戰刀砍殺我無辜同胞比賽為樂」照片裡日軍的殘虐，並欣慰臺灣重回祖國懷抱的恩幸。

父老輩說不出口、兒小輩東風過耳，臺灣的戰爭記憶，至少離異五十年。直到解嚴之後，才有相關記憶與史料零落出現，兩種生命經驗的荒謬對立，也才展露緩和的機會。共同記憶之河的斷隔，或許是戰爭帶給臺灣最悠長最深沉的災厄！

本書的寫作初衷，就是舀水進入這條斷隔的記憶之河，試著讓感應重生。我們希望從父祖輩戰爭世代的記憶與史料，捕捉他們靠近戰爭的方式、身心的狀態，以及離開的艱難。不同身分者的故事，有面對戰爭的不同樣子，卻活在同一個時代。

兩年前的二〇一五年，離開一九四五年日本投降、臺灣歸於中華民國統治的那一天，是七十的整數年。記憶之河斷隔的臺灣，有許多種紀念七十週年的心態也不意外。馬英九政府的國史館在七月七日紀念「抗戰」、若干臺灣政治人物親赴中國參加九月三日紀念「勝戰」，臺灣歷史博物館則在八月十五日紀念「終戰」。

臺灣的政治國族史，舉世無雙的複雜度，三種立場沒什麼稀奇。黃春明短篇小說〈戰士，乾杯！〉，寫了南臺灣好茶部落的一個家族，四代男人都是戰士，卻因每代都換了侵略者，所以四代戰士打敵人，也打敵人的敵人，讓無冤無仇變成不共戴天。黃春明寫道，「這般荒謬的情形，在今天這個世界裡，恐怕更難找到了吧。」

世界真的很難找到更複雜的國族史了。然而再荒謬，卻真的就是我們臺灣。因此，看待歷史的立場愈是單一鮮明的，愈可能排除他人，愈可能以正義之名遂行不義。也因此，相對於抗戰、勝戰、光復之類善惡分明的立場，「終戰」或許是比較包容的概念。

臺灣在一九九〇年代，陸續浮出了二戰從軍人士的報導、座談、回憶錄、口述歷史等等。這些庶民回憶的國家大事，發聲自不同的人、散落於不同處所。二〇一五年七月臺灣歷史博物館策劃「二戰下的臺灣人」特展，各種立場微妙聚在玻璃長櫃的內外，堆疊的文件，流洩的聲音，有些記敘痛苦，有的殘留悲哀，有的餘恨未解，有的已然豁達。雜多的經驗斑駁交織，展廳走一趟，既有哭泣也有笑意，竟似臺灣戰爭史意味深遠的總結。

本書就緣起自這個臺史博的特展及文字檔案。我們向策展單位提議合作，由臺大臺文所研究生以「非虛構書寫」方法繼續研究發展，寫一本書讓隔斷的生命經驗交流。參與的九名作者，都專攻臺灣文學研究，閱讀大量歷史記述之後，無不驚異一個時代的情感如此錯綜，也生出結構布局的苦惱：誰的生命最能代表？哪種記憶才是真實？人們心向著臺灣島、大日本或是新中國？當然沒有單一答案。

這是一本試圖表達沒有單一答案、因而集體合作的書，絕非是九篇文章的隨意結集。集體書寫挑戰了單一作者至上的固有文學觀，本身就是多元思維、有機共存的書寫實驗。作者群共同研讀戰爭理論、讀取相關論文、討論思索辯詰，逐步凝聚出「終戰那一天」的書寫觀點。再來，則由文獻挑選個案，往四面八方挖取更多歷史材料及文學作品。最後成形為三種視角、九種類型的人物故事，史料都來自堅實的考察，情節布局則強調文學性，以彰顯人的身心狀態。

我們期待，繞一圈戰爭世代的生命史、瀏覽情感經驗的不可化約，然後，看待歷史的眼睛或可不再緊繃於單一定點。

本書的撰寫，受惠於一些理論思想。終戰前的故事，是以「現代總力戰」的批判概念進行鋪陳；終戰後的故事，則由「戰爭之框」的理論，觀察「不能被哀悼」的政治術。

人群之間的對立、搏鬥、甚至戰役，自古以來從未停止，未來也不可能避免。人群的對立，並不可怕。真正令人恐懼的，是國家與國家之間對抗的現代戰爭。就如二〇一四年汪宏倫主編《戰爭與社會》論文集，已有藍適齊、朱元鴻等學者為臺灣打開理論和歷史的慧眼，批判了總力戰這個現代國家的極端暴行。現代國家以國族意識撐腰、有明確的排外邊界，坐擁合法的軍事武力，才能依照法理程序發動戰爭，取得正當權力調度國家所有資源，目的只是摧毀另一國家。

這就是總力戰（total war）最可怕的地方，不是瘋狂，而是理性——以正義之名毀滅異己的過度理性。

臺灣一九三七年捲入的戰爭，不幸，就是身處殖民狀態而無路可逃的總力戰。近藤正己《總力戰與臺灣：日本殖民地的崩潰》鉅細靡遺描述了這段歷史進程，看得到整個臺灣都在攪動，所有人都被捲上不可測的路。

然而捲入總力戰的人，也非螻蟻般任憑帝國擺布的無臉者。大戰之前的臺灣，已有一段長長的政經穩定、思想奔放時期，青春男女也莫不期待著未來的人生、焦慮著自我的實現。渴望當工程師的東俊賢、志在安穩當醫者的吳平城、熱切成為女記者的楊千鶴、追求思想解放的楊基振，這些將在本書出現的人物，各有執著的性格，並不渺小。只是，總力戰豢養出的國家社會更加肥大，並且源源不絕掏出各種非常態的選項，挑逗他們抉擇人生的智慧。因為眼前未必只有暗黑的地獄，有人也似乎看到天外的亮光。

社會是多種人的並存，生命差異的不可化約必須尊重，日常遍在的對立爭戰不應迴避。戰爭的悲劇來自現代國家「正邪不兩立」的過度理性，戰後的悲劇，依然也是同一個邏輯在運行。

參與戰爭的生命體何其之多，何以有人備受尊榮為英雄、有人罪孽深重為狗熊。朱迪斯・巴特勒（Judith Butler）說，終戰的國家仍會持續意識的交戰，所以必定備妥「戰爭之框」（Frames of War）做為度量衡。一條命，是尊榮或罪孽、可哀悼或應唾棄、是英雄或狗熊，都由國家認證的戰爭之框來決定。

臺灣以殖民地的身分，參加以國家為單位的世界大戰，只是複雜國族史的前半段；到了終戰那一天之後，更加詭異。國籍一夕轉換，是非豬羊變色，一個懸空的「戰爭之框」就落在全臺灣的上方，隔斷了那個戰爭世代。

過了七十餘年再回看父祖世代走進戰爭的故事，當然不是要審判特定一方是正義或邪惡，也不是偽善呼喊愛與和平的口號就想和解。刻意遺忘，不能泯恩仇。記得戰爭世代的個人生命經驗，凝視總力戰的現代國家暴力，才是豁達釋懷的遺忘倫理。這是我們書寫這本書的期許。

本書的完成，感謝臺灣歷史博物館「歷史那一天」讀書會提供史料檔案，感謝臺灣大學「無邊界大學 NTU@Taipei」計畫贊助考察經費，感謝陳翠蓮教授、藍適齊教授擔任史料審閱，感謝衛城出版社莊瑞琳、盧意寧細緻而專業的編輯，感謝林月先擔任助理陪同打點庶務。

第一部 前線

第一章　誰是皇軍：志願兵的故事

江昺崙

一九四三年，太平洋的蔚藍海面上，日本軍艦「若津丸」正急速行駛著。在同盟國空軍的監視封鎖之下，若津丸任務艱重，必須將大量軍需用品載往婆羅洲的前線基地。

若津丸船上一名「臺灣第一期陸軍特別志願兵」林逸平[1]，隨著部隊從高雄港出發已近兩個月，顛簸的航程及浮躁的氣氛，身心俱已疲憊。他在甲板望著海景，對即將前去的島嶼、即將獻身的戰爭，既感期待又不安。

林逸平，是個小說人物，卻又似一種真實感受。他是親身參與太平洋戰爭的陳千武作品《獵女犯》裡的主人翁，微妙代言了戰場上臺灣人的肉體與精神之雙重苦痛。

林逸平站在甲板看顧身旁一名鹿兒島出身的岩田二等兵。岩田二等兵出航後就神智不清，重複大喊「立正、稍息、立正」，甚至說出「天皇陛下要落海囉，萬歲，萬歲……」之類

---

1 林逸平是陳千武小說《獵女犯》的角色，也被認為是陳千武自我投射的人物，情節既有真實經歷的成分，卻也是文學的創造性想像。

大逆不道的瘋話。林逸平心想：

誰能同情他呢？……我很希望像他那樣瘋起來，盡情痛快地像他那樣叫嚷語無倫次的語言，讓大家知道抑鬱的心境多好。

所有人都被迫一致高喊「天皇萬歲」的口號之時，唯有發瘋的人才說真話吧。林逸平是臺灣人，成為皇軍還有「自願」的程序；但日本人並無選擇，適齡男子體檢合格就須從軍、就須上戰場。發瘋，或許是唯一的逃避出口？

林逸平在甲板曬太陽發呆，思考人生的各種問題。剛剛下過一場雷陣雨，甲板非常溼滑，林逸平看著岩田二等兵，避免他摔到海裡。烏雲速速散去，太陽溫暖初現，突然甲板響起「啪噠啪噠」的聲音，林逸平原以為雷雨又來了，但迅即聽到艦橋上有人高喊「敵機來襲啦！敵機……」話還沒說完，就被轟鳴的巨響聲打斷。林逸平一擡頭，好幾架戰機從空中呼嘯而過，伴隨如雷雨般機槍掃射聲音。這艘沒有日本空軍護航的運輸艦「若津丸」，在大海上遭到盟軍巡邏戰機發現，成為了攻擊的標靶。

林逸平趕緊逃往船艙尋找掩護，此時如同電影慢動作鏡頭一般，他眼見十五釐米子彈穿過身旁的鐵板，射向甲板上避難不及的士兵，血肉橫飛、哀嚎並起。有些士兵情急跳下海，但是隨即被大浪捲走，落海之處只殘留一堆泡沫。

林逸平躲避空襲無暇顧及岩田，直到敵機離去，他再四處打聽，最後看到的岩田二等兵已是裹著軍毯的屍首，與身旁數十多具遺體一起沉睡。倖存者將死難者遺體並列在甲板，簡單奏著軍樂，所有人低聲吟唱軍歌〈海行兮〉。這是描寫軍人赴死決心最具代表性的日本軍歌，此情此景更加感傷，送別同袍的遺體拋入大海：

海行兮，願為水中浮屍；
山行兮，願為草下腐屍。
大君身邊死，義無反顧！

大戰序曲

臺灣進入備戰狀態的時間很早，一九三四年臺灣軍司令部就以臺北州、新竹州為演練區域，舉行防空演習。不過要到一九三八年，戰火才正式襲來。二月二十三日，一批SB－2轟炸機從中國漢口機場起航，飛行將近一千公里，在臺北松山機場及新竹空軍基地的上空，投下二百八十枚炸彈。日軍完全來不及反應，只能目送轟炸機聯隊毫髮無傷地離開，基地內近四十架軍機全毀，三十八名人員傷亡。

原來日本軍方在前一年的松滬會戰之後，評估中國空軍已完全失去戰力，所以對於臺灣本島的空防非常鬆懈。未料蘇聯祕密派遣「航空志願隊」來到中國，這批SB－2轟炸機性能遠勝日本空軍，數百名經驗豐富的飛行員以「國軍」名義掩護，軍機標誌也改成青天白日徽章，果然打得守備松山機場的日本海軍措手不及。

這是臺灣本島、也是日本領土在戰時第一次遭到空襲，震驚日軍高層，海軍出身的臺灣總督小林躋造更是窘困，因此開始計劃備戰，拉開了臺灣投入大戰的序幕。

此刻日本雖已殖民統治臺灣近四十年，卻未完全將臺灣人視為「皇民」，因此臺灣男性反而沒有必

圖 1-1 臺北州廳（今監察院）配合防空演習進行偽裝
來源：臺灣軍司令部編，《昭和九年臺灣軍特種演習寫真帖》。

圖 1-2 除了防空演習，還有防毒演習。圖中地點為臺北市新富町（今萬華龍山寺東方）。
來源：臺灣軍司令部編，《昭和九年臺灣軍特種演習寫真帖》。

要服兵役。直到一九三七年日中戰爭爆發，日本政府才徵調臺灣人充任軍屬及軍夫，不拿武器打仗，不給正式軍籍，可說只是戰場上的勞工。當時總督府也藉由「臺灣農業義勇團」、「臺灣特設勞務奉公團」等團體，招聘不少臺灣青年到中國戰場去協助後勤。

一九四一年底，日本為了對付美國石油禁運政策，擬出占領東南亞海域油田的作戰計畫，並且突擊太平洋的美軍基地珍珠港，戰爭情勢變數橫生。美國總統羅斯福先收到美軍回報的遇襲消息，才收到日本發來的開戰通知，憤而籲請國會同意「全面對日宣戰」。

一時戰雲籠罩整個東南亞海域。日軍在襲擊珍珠港後雄心大起，趁著美軍動員的空檔，數個月內連續拿下香港、馬來亞、菲律賓、蘭領東印度（今印尼）等同盟國的殖民地，日本軍部甚至還想進攻澳洲。但此同時，日軍在中國和滿洲戰場卻陷入膠著，戰線一直延伸，人力及軍費持續攀升。日軍的常備兵力，占領滿洲之前是三十萬人，一九三七年對中國宣戰時是六十三萬人，太平洋戰爭爆發後暴增至二百八十萬人，已是日本內地徵兵的極限。

日本因而被迫評估徵召殖民地青年入伍，不久朝鮮總督府開始徵兵，臺灣總督府則是謹慎召募「志願兵」。

珍珠港事變後一個多月，臺灣總督府頒布〈陸軍志願兵訓練所生徒募集綱要〉，徵集一千多名「臺灣陸軍特別志願兵」入伍。應徵者必須體檢合格，再通過國語、算術、常識三科學科考試，再經口試一關，才能「入選」特別志願兵。

消息一頒布就引發熱烈討論，這是臺灣人第一次得以「皇軍」身分上戰場。參加皇軍，代表殖民地人民也享有「克盡國民義務的權利」，象徵了「內臺一體」。皇民奉公會透過學校、保甲、警察系統大力鼓吹，迴響極度熱烈，共有四十二萬人報名，約是當時臺灣全部男性人口的十四％。扣除老的小的，屆齡的臺灣青年幾乎全部動員起來。

那時的臺灣本島，除了一兩次零星空襲，其實沒什麼戰爭的氣氛。偶爾有人聚著聽廣播，閒談空中傳來的前線捷報。殘酷的戰爭，還相當遙遠。

一九四一年十二月日軍占領香港之際，臺中公園的長椅上，陳千武正津津有味讀著佐藤春夫的詩集。他去年剛畢業於臺中州立第一中等學校（臺中一中前身）——全臺第一所培育臺灣子弟的公立中學，幾乎等於臺灣人最高學府。[2]每一個頭戴圓盤帽走出校門的畢業生，看起來都是威風而驕傲。

但是陳千武反而有些迷惘。入學後，他偶然踏進車站附近的中央書局。這是臺灣文化協會成員莊垂勝所創辦，經理張星建也是臺灣文藝聯盟的要角。陳千武在書局的氛圍及張星建的鼓勵之下，開始大量閱讀文學。即使上課也偷偷讀著小說和詩集，甚至被日籍教師視為「問題學生」。三年級時，更不知道哪來的熱血，陳千武串聯了不少同學公開反對學校的「改日本姓名」政策，差一點被退學。幸好教師後來同意大事化小，他才勉強畢了業。

在學表現「不佳」的陳千武，先到豐原的製麻工廠服務。但是目睹工廠勞工遭遇的不公平待遇，陳千武又槓上了管理幹部。結果是離開麻廠，轉往親戚的米廠幫忙，休假時就到中央書局看書，或到臺中公園散步。恬靜的日子不長，半個月後，他就聽聞了臺灣軍部徵召臺灣青年從軍的消息，不僅身邊親友興奮走告，保正也多次登門遊說，鼓吹為天皇效忠是何等榮耀。

2各地的「一中」當時只有日本人才能念，例如臺北第一中學校（建中前身）。由本地實業家林獻堂等人出資創立的臺中州立第一中等學校，是全臺灣唯一例外的一中，學風自由，所以可說是臺灣青年的第一志願。

陳千武在周遭親友鼓舞之下，報考了特別志願兵。經過重重考試關卡，在數十萬人的激烈競爭之下，竟然入選了。

地方的日本巡查，遞送來錄取通知。雖然基層警察對待臺灣人多是盛氣凌人，但這回是青年出征報國，巡查一改常態，戴起白手套、捧著紅色通知書，畢恭畢敬親至錄取者家門，舉手敬禮並喊著「報告！」，然後等待錄取者舉家穿戴正式服裝出門迎接。遞送儀式完畢，巡查還會在門口鞠躬，向錄取者致敬。

收下這張祝賀從軍的「赤紙」，陳千武一家從此升格為「出征家庭」，待遇比照一等國民，日常配給比起一般臺灣人優渥許多。父母既有些許不捨，但也是無比的欣慰。[3]

七生報國

出身羅東的青年簡傳枝，一九四一年從「臺北州立畜產技術人員養成所」畢業之時，第

3 陳千武入伍之後發生的事情，在《獵女犯》小說中以第三人稱「林逸平」之名書寫；以下本文以林逸平的情節敘述陳千武的故事。

一志願是回返故鄉三星庄役場的畜產部門工作。

簡傳枝成長的溪南羅東街，從十八世紀末吳沙入墾蘭陽平原，就是南來北往的重要集散地。日本殖民之後在中央山脈發現林業資源，砍伐的木材以水路運到山腳，先在員山闢建了暫放木材的儲木池。一九二〇年左右儲木池轉移到羅東街，帶動太平山伐木業盛世。簡傳枝外出念書的年代，羅東市街已是林業轉運中心，熱鬧非凡，還開了蘭陽平原第一間戲院「羅東座」。

簡傳枝的父親，是羅東郡役所勸業課管理畜產的雇員。當時總督府因為戰爭需求，在臺灣推動「馬政計畫」，期望增加臺灣本地馬匹數量，簡傳枝父親的業務之一，就是為郡役所「愛馬會」養馬。也因此，簡傳枝早早就接觸畜產事業，也立志做為未來的進路。

可惜的是，簡傳枝並未如願分發至三星庄役場，而是去了七堵庄役場。工作不久，就遇上志願兵從軍熱，長官及同事不斷鼓勵「有為青年」簡傳枝報名。在一片勸進氣氛中，簡傳枝決定姑且一試，但同時也記惦著：「我的身高不高，可能一下子就被淘汰了吧。」

志願兵「榜單」公布，簡傳枝意外錄取。整個羅東郡只有五個人上榜，是地方無比光榮的大事。簡傳枝聽說錄取的多數是高學歷，甚至是醫專和大學生，對於自己和家人而言，入選志願兵有如當上國會議員一樣值得興奮。

志願兵的光環，耀眼逼人。當時有些青年為求上榜甚至使出險招，最經典的方法是咬破手指，以鮮血在布旗上畫個紅太陽、寫上「七生報國」等語。所謂七生報國，是日本悲劇武將楠木正成「我願意七次轉世報效國家」的歷史名言，無疑是表明從軍報國心跡的強力訴求。臺南北門的青年鄭春河，雖是家中獨子、體格也不頂好，但上呈七生報國的血書，果然錄取第一屆陸軍志願兵的後期生。由此可見當時臺灣男子搶當志願兵的熱衷程度。

圖 1-3 出征者與家屬親友合照

來源：國立臺灣歷史博物館提供

簡傳枝光榮當上志願兵後，依例改名「竹內傳一」，正式成為皇民。入伍受訓那一天，地方士紳與首長動員了所有學校的學生、青年團、防衛團，加上大批慕名而來的群眾，塞滿了羅東車站，為五位志願兵的出征送行。

現場高舉著各式旗幟布條，「祈 武運昌隆」、「祝 入營」，有些會指名「竹內傳一」，還有女學生蒐集了獻給戰士的護身符「千人針」前來祝福。眾人齊聲高喊「萬歲！萬歲！」，口號響徹驛前廣場，入伍青年應該都會感到意氣風發、壯志凌雲吧。

揮別送行出征的親友團，他們搭上火車前進臺北，到六張犁營區參加為期半年的新兵訓練。風光的入伍仙境之後，就要走入煉獄了。

他們原先美好的皇軍想像很快就破滅。臺灣軍的新兵訓練營，是昭和時期軍國主義的縮影：絕對的階級與權威、個人的服從與忍耐。

日本軍官似乎認為，必須有這種非人道、極殘虐的訓練，才能將平民——特別是缺乏皇民意識的臺灣人——迅速錘鍊為精神上的鋼鐵勁旅。即使裝備落後一截，但是剛毅的皇軍憑藉刺刀與意志，依然能夠擊潰墮落的美軍。

踏入訓練營的第一天起，沒有假期，無分清晨黑夜，全是無盡的軍事操練。訓練期間，若有一名士兵不慎犯錯，全班都要連坐接受嚴酷懲罰。練習踏步行進的腳步稍微沒有對齊，教官就會炸下羞辱斥罵及拳打腳踢。

一回在夏季，新兵在點名場上難忍酷暑昏倒後，被擡到樹下休息，有人見狀也假裝昏倒意圖偷個清涼。結果點完名後，日本軍官就拿著木棒，叫出昏倒休息的人，毫不留情痛打一頓，即使打趴倒地，依然拉起身子再打。鼻青臉腫的士兵，是新兵營裡很平常的風景。

這種環境底下，階級加上族裔的歧視暴力，都成為合理。臺籍士兵的血緣，像是看不見的名片，無論如何努力宣示效忠，永遠都是次一等的日本國民。

有一回，簡傳枝輪值為軍官送飯。他將餐盤恭敬端到長官面前，只因沒有端到眼睛以上

圖 1-4 臺籍陸軍特別志願兵受訓影像

來源：朝日新聞社編，《南方の據點：臺灣寫真報道》。國立臺灣歷史博物館提供。

的高度，軍官將餐盤「匡噹」一聲揮手打翻，並痛斥簡傳枝無禮。類似如此的屈辱待遇，也只能當作軍隊的家常便飯。

當然不只陸軍新兵訓練有這種「震撼教育」，各個兵種的新入伍臺灣人，幾乎都嘗過同樣的屈辱。

柯景星，來自彰化和美，是一名臺籍的戰俘監視員。戰俘監視員是「軍屬」，不像志願兵是正規軍人，位階較志願兵低。因為戰時前線需要的人力非常吃緊，因此臺灣軍司令部雇用了許多臺灣人充當軍屬、軍夫。臺籍軍夫和軍屬沒有軍階、地位極低，與軍人一樣承受嚴苛的新兵訓練、一樣承受未來戰爭的苦難，但卻毫無軍人的尊嚴，在日軍的位階中，甚至比軍馬、軍犬更次一等。

臺籍監視員幾乎都在臺南的白河訓練所受訓。柯景星入營第一天晚上結束辛苦的操練，拖著疲憊的身軀要就寢時，突然聽見長官在外喊著：「把我的菸灰缸拿出來！」

柯景星因為距離菸灰缸最近，於是伸展了一下痠痛的四肢，捧著菸灰缸走出寢室，看見操場還有其他營在出操，新兵排成兩列互相對立，長官高喊：

兩排士兵，互相掌摑對方嘴巴！越狠越好，把對方當成是敵人一樣攻擊！

柯景星小心走到長官面前，謹慎詢問：「報告，請問菸灰缸應該放在哪裡？」才準備等候指示，柯景星就聽到長官一聲「ばか（笨蛋）！」不只被罵笨蛋，菸灰缸也砸回自己的鼻梁，瞬間兩道鮮紅鼻血流下。柯景星渾然不知所以，摀住鼻子，忍不住哭了出來。那是受訓第一天，最痛的記憶。

南十字星下

新兵訓練結束，士兵登上軍艦，遠渡重洋前往南洋前線戰場。載著簡傳枝、陳千武的軍艦「若津丸」，從高雄港航經新加坡，度過漫長航程，來到婆羅洲的外海。

即將入港之際，船艦突然遭到澳洲空軍襲擊，在甲板上休息的士兵來不及躲避，機槍子彈就從空中掃射下來，船艦機關室受炸起火，火舌蔓延到儲油槽引爆大火死傷慘重，有人當場中槍斃命、有人被火燒死、有人情急跳海而遭巨浪吞噬。

盟軍飛機離去之後，倖存的士兵開始搭救傷者、清理屍體，臺籍士兵們急著確認同鄉戰友是否安好。

突如其來的空襲，只是戰爭生活的序曲。登陸之後，不斷與恐懼、疲憊進行對抗，才是戰地每天的日常。那是一種侵膚蝕骨的折磨，緩慢地壓榨人的體力與心智。

日軍襲擊珍珠港之後，雖在太平洋戰場握有半年的優勢，並占領大半的東南亞島嶼。但美軍很快重整軍力，一九四二年六月中途島之役就重創日本海軍，盟軍開始反攻。不久在澳洲東北方的瓜達康納爾島（Guadalcanal），盟軍與日軍展開了一場殊死戰，盟軍一七九六名將士陣亡，日軍二萬一千人遭到殲滅。盟軍奪回瓜達康納爾島、粉碎日軍封鎖澳洲的計畫，並反過頭來利用制空優勢，從空中封鎖了日軍的補給線。

補給線中斷的日軍，前線軍隊頓時孤立無援。僥倖在空襲中存活下來的部隊，不會再有新的援兵前來了，簡傳枝等人竟成為永遠的「初年兵」，擺脫不了菜鳥的悲慘境地。戰場的磨難，最先就始於資深士兵的凌虐。

在威權、封閉的日本軍隊，資深的老兵對菜鳥動用私刑一般的體罰，向來是默許的正常管教，部隊軍官也難以阻止。尤其整批部隊困在孤島，死亡威脅就在眉睫，人性最赤裸、原始的暴力本能也更加活躍。

老兵可以任意斥罵毆打新兵，可以要求新兵擦拭皮鞋、煮飯、洗衣、按摩；新的裝備、靴子、軍服，都是老兵優先挑走，剩下的破舊物品才留給新兵。老兵講話如同軍令，新兵不能抗拒，稍露不悅表情也會惹來幾個耳光或拳頭。就算頭破血流，還要向老兵道謝、敬禮。

簡傳枝這一批永遠的新兵，只能默默吞忍。有一回簡傳枝排隊近半天，終於買到兩粒饅頭。那簡直是婆羅洲島上最珍貴的美食了。然而走回營房路上，幾個老兵發現了：

竹內，你有什麼好東西，不跟我們分享啊？

饅頭任由老兵蠻橫搶走，簡傳枝無言以對，只能立正在原地咬牙切齒，望著老兵揚長而去。

陳千武筆下的林逸平也遇到相同困擾，他因為表現優良而快速升為上等兵。升階前一晚、將就寢之際，其他老兵要林逸平到營房後面「談話」。林逸平內心清楚，升階之後老兵就不再能欺侮他，所以要利用最後一晚發洩。果不其然，營房後面一群老兵摩拳擦掌在等待，其中一個九州出身、姓古川的老兵開口：

你這傢伙，明天就升上等兵啦，依照軍隊的慣例，我要打你，打你到我能過癮為止——知道嗎？

林逸平咬緊牙根，接受眾多老兵一拳一拳的「制裁」。最後一位老兵毆打完畢，彷彿通過儀式一般，老兵們開始恭喜他升格上等兵。林逸平最後還得大聲說：「是，謝謝你們的指導，林一等兵回房去了！」

菜鳥志願兵，既要適應私刑，還得適應悶熱氣候、傳染惡疾，以及超乎負荷的肉體勞動。

無盡的勞動折磨，令簡傳枝最感痛苦。當時日軍為了防止盟軍登陸，在沿岸修築無數條戰壕，戰壕的深度幾乎都是一個人的身高。這些士兵每天頂著盛夏毒辣的太陽勞動，三餐是配給的口糧，口渴只能盛接雨水，疲累就直接躺在戰壕，肌肉痠痛到失去知覺，時常一個禮拜不洗澡，綁腿幾乎與皮膚黏在一起。

精疲力竭的簡傳枝在戰壕喘息，內心隱約浮現了疑惑：「我是不是在挖掘自己的墳墓？」婆羅洲島上並沒有驚心動魄的浴血戰鬥，只有老兵欺負、挖掘戰壕、躲避空襲，以及無數的演習。每天都要忍受饑餓與疲憊，每天都要經歷精神的崩解與重生，每天，都朝向死亡與絕望跨近。

封鎖的島嶼，有如天然的監獄。島上不曾作戰的士兵，成為了自己軍隊的戰俘。

臺籍監視員

當然，婆羅洲島上也有真正的戰俘。

柯景星這樣的臺籍監視員，新兵訓練後分派到南洋服役。從高雄港上船，他們在西貢港邊餐風露宿駐紮了一個月，才又搭船來到北婆羅洲，這裡有兩個戰俘營。一個是山打根戰俘營（Sandakan POW camp），自一九四二年開始關押澳洲軍隊的戰俘，後又關入英軍戰俘，主要工作是修築機場；另一個是古晉戰俘營（Kuching POW camp），有部分平民關押於此，主要工作是伐木、除草等雜役。關在戰俘營裡的平民，有一些是太平洋戰爭爆發前就住島上的殖民地外交官及其家屬。因為日軍攻勢來得太急，撤離不及的殖民者，就成了日軍的階下囚。

柯景星雖然有個日本姓名「河村輝星」，但與這兩百多名臺籍監視員的身分一樣，是日本人最瞧不起的非正規軍人。比起簡傳枝那種具有兵籍身分的志願兵，臺籍監視員的地位更低許多，幾乎僅優於戰俘一些。

監視員除了吃重的雜役，還要日夜輪流站哨，加上額外的戰技訓練，只有短暫的休息。監視員平常就要忍受各級官兵的頤指氣使，假使不幸犯了錯誤，例如站哨累到睡著，痛罵痛打還是小事，嚴重的可能送軍法審判。盟軍戰俘看在眼裡，也難以理解日本軍對待「自己人」

何以如此殘暴。

當然，戰俘的命運又更加悲慘。俘虜營內區分軍民及男女，縱使是夫妻也強迫分開，兒童就被劃歸到婦女區。日軍自身物資已很窘迫，戰俘更不可能有「正常」的糧食，一般是少量的糙米飯及馬鈴薯，偶爾抓到田鼠與蝸牛，就是營內的頂級佳餚。

如此悲慘的待遇，戰俘多半骨瘦如柴，精神委靡，長期營養不良而導致腳氣病、夜盲症，還有瘧疾、痢疾、登革熱等各種傳染疾病。日軍不會提供醫藥，戰俘生病只能向上帝禱告。

柯景星等監視員偶爾會私下幫助戰俘。中國駐婆羅洲領事卓還來，當時就關在古晉戰俘營，妻子趙世平還在照料襁褓中的小孩，為了哺乳需要額外的營養。柯景星能用臺灣話與福建籍的卓還來交談，很同情他們的遭遇，會私下拿些雞蛋給趙世平補身體，助卓家人捱過最艱困的時刻。[4]

整體而言，日軍管理方式非常高壓，臺籍監視員與戰俘都是對立關係，很多人撐不到終戰就死去，每天清晨都要擡出十幾具戰俘屍體，用毯子簡單包裹，在營內齊唱〈奇異恩典〉

4 但卓還來領事本人，仍於一九四五年七月六日，遭日軍殺害。

的歌聲相伴中，送往埋葬。

柯景星等臺籍監視員持著裝上刺刀的步槍，在旁靜靜看著戰俘一面流淚、一面挖洞，埋下死於異鄉的同伴。

獵女犯

在戰場上，不只有生存意志的搏鬥，更多是人性的掙扎。

林逸平已從一等兵升任為兵長。一天他接到長官命令，要將部隊抓來的二十幾名當地婦女，押送到巴奇亞城的「慰安所」。

慰安所是日軍在二戰期間特別設計的軍妓制度，既為了維持士氣，也防止感染性病。但這些軍妓的工作條件極為惡劣，往往是非自願的勞動，沒有人身自由，稱之性奴隸也不為過。

慰安婦的來源，部分是當地抓來的婦女，以及朝鮮及臺灣勸誘而來的年輕女性，服務的對象是一般士兵。有些慰安婦則是在日本內地原本就從事性工作的「酌婦」轉赴前線「報國」的，專門服侍日本軍官，也會擔任「教官」指導新進人員，看似地位較高，實際上命運是同樣的悲慘。

林逸平押解著隊伍，聽見一名女性一邊哭一邊用閩南話叫著「阿母……」。聽到熟悉的故鄉語言，林逸平非常意外，走上前去攀談。得知她的名字是賴莎琳，當地華僑，幾天前才遭日軍闖進村莊、將她從丈夫身邊強行擄走。

賴莎琳很訝異遇到講閩南話的日本士兵，更不解這個講閩南話的「同鄉」，竟然幫著日本軍隊搶奪民女。

「我恨透了日本鬼，也恨你。」賴莎琳對兵長林逸平說。

「我知道妳恨我，不用妳說，我也恨我自己……。」林兵長回答。

「你會恨你自己，為什麼還要跟著他們做壞事？」

林逸平再怎麼解釋，賴莎琳都難以理解。在加害與被害者的身分之間，臺籍日本兵只有無盡的掙扎。

到了巴奇亞城，賴莎琳被送進城中的慰安所。新的慰安婦需要一個月的練習，由日本女性「教官」指點有關的性服務知識。然後經過軍醫檢查身體，就可掛牌接客。她們各自會分配到一個狹窄房間，裡頭有一張簡陋的眠床，一副桌椅。每天必須接待大約二十名客人，不可拒絕服務，不得擅自外出。

很多臺灣籍、朝鮮籍的慰安婦，是遭誘拐而來。她們多以為是上戰場當看護婦或服務生，到前線才知是提供性服務，不少人得知真相後當場崩潰大哭。慰安婦的工作對象，是一個接著一個的軍人，她們只有生理期可短暫休息，身體與精神都是疲憊不已。日本兵管她們叫作「ピー」，當地婦女就稱為「印度尼西亞ピー」。這個字眼是prostitute（妓女）的粗俗音譯，有如中文「婊子」，用語極度輕蔑。

巴奇亞城新來一批「印度尼西亞ピー」的消息很快傳開，士兵都很興奮，躍躍欲試。雖然臺灣兵因為常遭日本士兵欺負，因此大都不愛上慰安所。但這一天，班長為了鼓勵士兵放鬆，直接集合全班宣布：「假日全員都要到慰安所報到，沒去的人要處罰站哨！」

林逸平於是有了藉口來到慰安所——他想知道賴莎琳過得好不好？於是他依規定買了一張兩圓的入場券，領取包裝印有「突擊」兩個大字的保險套。這個全名「突擊一番」的軍用保險套相當著名，戰爭末期物資匱乏時，還得由慰安婦回收、清洗、再利用。

林逸平從牆上的慰安婦照片編號找到了賴莎琳，來到門外排隊。各個房間此起彼落傳來士兵悶悶的嗯哼，還有婦女重重的喘氣——不像是性的歡愉，似乎是帶有痛楚的無聲泣喊。

林逸平沒有等太久。因為雖然限時十五分鐘，但很多士兵不到幾分鐘就出來了。他推門進入，賴莎琳全身赤裸，只用一件薄被蓋著身體。賴莎琳與他對望了一眼，約莫三秒鐘，賴莎琳認出了林逸平，然後淡淡地問：「你不也是來『狩獵』了？」

林逸平無法回答，心中自忖：我這個無能的獵女犯，到底該怎麼辦？他想了一想，對賴莎琳說，「我只是來看妳……。」

十五分鐘後，外面的排隊士兵不耐煩了，高喊：「快一點！時間到了吧！」

林逸平推開門，帶著漲紅的臉色走出房間，下一個士兵邊解褲帶急急進入。林逸平快步走出慰安所，依稀聽見後面士兵低悶的嗯哼，依稀聽見婦女沉重的喘息。

生之歌

簡傳枝、林逸平、柯景星，他們來到婆羅洲已經超過兩年。日軍的士氣愈來愈低落，盟軍反攻的氣勢愈來愈強盛。一九四五年三月，盟軍西南太平洋區總司令麥克阿瑟率軍攻下菲律賓馬尼拉，收復太平洋大多數要塞及島嶼。當年倉皇撤退到澳洲、發出豪語「我會再回來！」（I shall return）的麥帥，總算一解怨氣。

盟軍採用「跳島戰術」，也就是只攻占有特定戰略意義的島嶼，避免傷亡擴大，例如塞班島、馬紹爾群島、菲律賓、沖繩。面積遼闊、雨林密布的婆羅洲，盟軍當然直接跳過。對於麥克阿瑟來說，收復菲律賓的意義遠勝婆羅洲。也因為如此，駐紮婆羅洲的簡傳枝等人，幸運躲過了一場浴血守備戰。[5]

但當時駐紮北婆羅洲島上的日軍各部，還是擔心萬一美軍登陸將奪走重要物資，因此決定「移防」內陸叢林。雖然討論日本是否戰敗是大忌諱，但從這次移防和物資短缺，敏銳的將士已看出日本帝國敗象已現。有些部隊甚至收到上級指示「現地自活」：軍方之後不再提供補給，士兵自謀辦法原地求生。

簡傳枝的部隊也接到開拔的命令。為了躲避盟軍飛機巡視，只能白天休息、晚上行軍，每個人背負四十公斤的輜重，在雨林緩慢前進，不知何時才能抵達目的地。雖然不必短兵相接，這段行軍卻也如殊死戰一般險惡。

部隊倉庫只剩下少量粗陋的糧食，一些糙米，多數是在島上徵集的玉米乾。肉類則是很

5 當時臺灣原本也曾是盟軍的攻擊目標之一。盟軍從一九四三年開始就不時轟炸臺灣，希望摧毀日軍南進的機場及戰備工廠。因此一九四五年臺灣總督府為了防禦盟軍登陸，也開始推行徵兵制。此時「出征」已不再是本地青年的榮耀象徵，而是所有殖民地男子的義務；全島的青壯年和學生都被動員去挖戰壕、修機場，準備跟美軍決一死戰。後來麥克阿瑟決定跳過臺灣，直取沖繩。一九四五年四月到六月，近十萬名的沖繩人不幸隨著日軍共同「玉碎」犧牲，同時期的臺灣雖然受到空襲、帶來慘重傷亡，卻也僥倖躲過了一場可能的修羅劫難。

久以前就從配給清單消失了。這些營養，遠遠不足以撐住一支作戰部隊，所以這些日本士兵根本顧不得紀律或尊嚴，一到休息時間就跑到河邊、叢林覓食，山芋、樹薯、椰子，運氣好的話可以在河裡撈到炸死的魚，偶爾也會抓到老鼠和青蛙來加菜。

縱使有了這些野味，困在婆羅洲島的日軍，都還是無法維持日常所需的營養。如同戰俘的下場，士兵大量罹患痢疾、傷寒、瘧疾、登革熱等熱帶疾病，也有人生吃野外亂採的果菜而生病。因為醫藥短缺，平時簡單可治的疾病，此刻都足以致命。

所有部隊都是士氣低迷，不少人因為精神壓力、久病厭世，用自殺來解脫困境，甚至還有部隊發生啃食戰友屍體以維生的慘劇。根據戰後估計，日軍在太平洋戰爭期間，病死及餓死的總人數竟有一百四十萬。絕大多數都是這些困在孤島、失去補給的前線部隊。

簡傳枝的戰友、臺灣出身的王添祿，也因營養不良而送進野戰醫院。王添祿垂死之際，躺在病床氣若遊絲地說：「想要再吃一碗白米飯，就是下地獄也心甘情願了。」

簡傳枝感到非常淒楚，但現時此地哪裡找得到白米飯？只好應付回答：「我去幫你找白飯，你好好休息吧。」

簡傳枝當然一無所獲。再回到病榻，王添祿已是彌留狀態，簡傳枝只能眼睜睜看著他含怨在異鄉死去。

有些部隊運氣稍好，因為裡面有臺灣「高砂義勇隊」的成員，他們的技能能夠緩解士兵的饑病交迫、垂死掙扎。高砂義勇隊是臺灣總督府徵召原住民青年組成的部隊，他們有剛毅的體格、強悍的叢林作戰能力，一九四二年開始派赴南洋征戰。高砂義勇隊共有八回，總數粗估約三千五百名，任務多是高難度的偵察、潛伏、夜襲、開墾密林、運送傷患等。

圖 1-5 歡送高砂族青年木田利秋入伍的人群
來源：朝日新聞社編，《大東亞戰爭と台灣青年：寫真報道》。國立臺灣歷史博物館提供。

高砂義勇隊極為壯烈的一役是「薰空挺隊」行動。一九四四年菲律賓的雷依泰灣戰役（Battle of Leyte Gulf），由高砂義勇隊編組而成的薰空挺隊（空降部隊）執行「義號作戰」決死任務，計劃趁著黑夜搭運輸機奇襲美軍占領的菲律賓布拉文（Burauen）機場，以身上攜帶的炸藥破壞機場上的美軍戰機與軍事設施。該作戰行動成果遠不如預期，隊員也全數陣亡。

高砂義勇隊能在叢林隱密行動，執行艱難任務，尤其擅長野外求生。一般軍人找不到食物之時，他們憑著獵人的本領，一把蕃刀就能在深山存活，他們能辨識採集植物、能製作濾水設備、能狩捕野生

圖 1-6 高砂義勇隊評價高的眾多原因之一，是他們善於在樹上和叢林作業。

來源：朝日新聞社編，《大東亞戰爭と台灣青年：寫真報道》。國立臺灣歷史博物館提供。

動物，甚至能活捉毒蛇及鱸魚。高砂義勇隊員會將捕獲的獸肉分給同袍食用，自己則吃內臟裹腹，許多日軍就藉著高砂義勇隊的協助，避免餓死叢林的命運。

此時，原本軍容壯盛的帝國軍隊，已是毫無戰力的殘兵敗將。在每個叢林掙扎度日的士兵都在等待——可能是在等待最後一次「萬歲衝鋒」的機會為國捐軀，可能更多人心底是在等待一個契機可以平安返鄉吧。

終戰

一九四五年六月，日軍收到盟軍將登陸北婆羅洲的消息，下令沿岸地區戰俘營向南方移轉。柯景星所在的古晉戰俘營，原有兩百多名戰俘，但補給斷絕以致戰俘的待遇愈來愈差。餓死的戰俘愈來愈多，部隊開拔時只有半數活著，移轉到半路更只剩數十人。此時部隊長官杉田軍曹眼見存糧即將見底，決定放棄戰俘。

杉田軍曹對著部隊官兵說：「上級曾下達過『盟軍登陸時，俘虜的管理原則是伺機處理』的指令，『伺機處理』，就代表上級同意我們處決戰俘！」

柯景星謹慎提問：「但是，我看過國際公約說，俘虜是不能處決的……。」

杉田：「河村，你給我閉嘴！」

看到臺灣監視員的猶豫不決，杉田軍曹舉起手槍對空擊發，並且高喊：「還有意見的人視同臨陣脫逃！裝子彈！」

杉田軍曹堅定下達指令，柯景星等人則異常緊張。他們雖然身在前線，但畢竟不是戰鬥部隊，從未有過殺人經驗，更何況是要殺這些手無寸鐵、骨瘦如柴的戰俘。監視員內心糾結，只能硬著頭皮開槍射向眼前的戰俘。

其他戰俘見同伴被殺，驚恐跪地求饒，但終究還是在陣陣槍響之下，陸續倒臥血泊。處決戰俘完畢，杉田軍曹下令銷毀所有證據。柯景星等臺籍監視員，於是挖開幾個大洞，丟進戰俘的屍體，以及他們的兵牌、資料、用品，能埋的埋、能燒的燒。

婆羅洲的山打根戰俘營，也展開了慘無人道的「死亡行軍」。日軍押解二千六百多名戰俘出發，撤往二百公里外的內陸，所經之地都是充滿瘴癘的熱帶雨林。日軍對待戰俘如同驅趕牲畜，沒有正常的食物和飲水，每天都有驚人數量的戰俘死去。日軍沿路拋下屍體，仍然繼續前進，到達目的地時，活著的戰俘只剩六人。

這些戰俘多是澳洲士兵。雖然日軍試圖滅證，扯說戰俘乃是自然死亡。然而種種的虐殺暴行，終戰後仍被憤怒的澳洲人揭發。

八月十五日這一天，多數帝國的民眾靜靜聽著天皇玉音放送，宣布無條件投降。而這些太平洋戰場的日軍，卻依然在前線掙扎。有些人在雨林之中狼狽行軍，有些人在饑餓與疾病之間掙扎求生，有些人則奉令在埋葬戰俘的屍體，還有些人根本不知道已經投降，在叢林繼續忠誠地作戰。

臺東阿美族的高砂義勇隊成員，日本名叫中村輝夫的史尼育唔，是最後投降的傳奇日本兵。他一個人獨自在叢林生活了三十年，一九七四年底才由印尼當地居民發現。史尼育唔這時才知道，日本已經戰敗。

簡傳枝跟著部隊在叢林一直走著，每天作戰的對象都是饑餓與疾病，三個月後，終於到達了目標營地。整個行軍期間，他們只看過盟軍飛機灑下的勸降傳單，與外界斷絕聯絡，對戰況一無所悉。因此當部隊抵達營地時，第一件事是詢問作戰指示。

圖 1-7 山打根戰俘營殘跡，拍攝時間為終戰後兩個月。

來源：澳洲戰爭紀念館，檢索碼120457。Frank Albert Charles Burke拍攝。

「現地自活！」上級回覆的指令竟是自行謀生。眾人無法理解為何收到如此消極的命令。

「前一陣子，天皇親自宣布，日本戰敗，已經無條件投降了。」

才剛慶幸活著抵達營區的將士們，一瞬間目瞪口呆，驚駭之情好像又要走回來時的地獄叢林。不久有人開始哭泣，無法接受這樣的事實。有一名軍官悲憤不已，當場拿出短刀，委託友人介錯，切腹殉國。

部隊迅即恢復秩序。軍官研商之後，認為可能在島上困住好幾年，與其無助悲傷，不如設法活下去。於是日常操課恢復，開始闢墾耕地、種植糧食，白天則是自由活動，以利採尋野菜、蒐羅柴火。戰敗後一切命運都是未知，再來只能等待戰勝者的安排。

戰爭結束，未必是這些士兵苦難的終點，反而是另一種戰爭的延續。他們後半輩子的人生，都受到心理創傷和戰爭責任的持續折磨。

特別是臺籍日本兵。他們不像日本士兵明白自己為何而戰、為誰而戰。臺籍日本兵既是戰爭被害者、也是戰爭責任者，他們的認同在終戰那一天起更加找不到歸宿，他們若成為死難者，也不知道英靈應歸向忠烈祠、祖靈之邦、或是靖國神社。

日本敗戰之後，投降的日軍成為戰俘。柯景星等人也是。他們被送到婆羅洲外海的納閩島（Labuan）羈押，一夕之間從戰俘監視員變成戰俘，等著接受盟軍軍事法庭的審判。

盟軍的軍事審判將戰犯分成A、B、C三個等級。A級戰犯是「違反和平罪」（crime against peace），遠東區大審在東京進行，專門針對策劃戰爭的高層，例如日本前總理大臣東條英機、陸軍大將松井石根等人。B、C級戰犯處理在戰爭中施加暴行的指揮官或士兵，B級是「傳統戰爭罪」（conventional war crimes）、C級是「違反人道罪」（crimes against humanity），由同盟國各地的軍事法庭審理；柯景星屬於C級戰犯，由澳洲軍事法庭審理。

澳洲因為軍隊傷亡慘重、戰俘飽受虐殺，因此早在一九四三年就開始蒐證戰爭暴行。臺籍監視員在澳洲的B、C級軍事法庭也逐一遭到起訴。最終有九十五名臺灣人被澳洲軍法法庭判刑，其中七人為死刑，都是各盟國審判結果中臺灣人人數最多的。

納閩島的軍事法庭，雖指派了日籍律師為臺籍監視員辯護，但似乎礙於政治壓力，辯護律師全程幾乎一言不發。有些日本軍官甚至向下推託虐殺戰俘的責任，以致許多監視員都被判死刑。

在審判的過程中，澳洲士兵逮到機會就要凌虐日本士兵。私下打到鼻梁斷裂、倒吊起來泡水折磨，都聽說過。有一日，柯景星同房的軍醫被澳洲士兵叫了出去。

澳洲士兵問軍醫：「為什麼我哥哥在戰俘營裡生病的時候，你沒有替他看病！」

軍醫回答：「我不記得了……」

憤怒的澳洲士兵不管答案，揮起拳頭就是狂毆，揍得軍醫滿地打滾。這位軍醫後來遣送到摩羅泰島，與下令殺害戰俘的杉田軍曹一起被槍決。

柯景星原本也是死刑。上訴之後，因為杉田軍曹承認下令處決戰俘、願意承擔罪行，柯景星才死裡逃生，改判十年徒刑。而同行的監視員李琳彩就沒有如此幸運了。他因為一名戰俘脫逃而氣急敗壞，擔心長官重懲，因此抓到人之後就狠狠動手修理。結果這名營養不良的戰俘就此奄奄一息，李琳彩沒有送他至醫護站治療，事後遭控凌虐戰俘致死。李琳彩於一九四六年五月二十八日於新不列顛島北端的拉包爾（Rabaul）受審，判處死刑。

臺籍監視員的答辯狀都強調行動出自日本長官強迫，但澳洲法官認為監視員不僅選擇服從命令，凌虐手法更超乎命令，因此仍有罪責。

自知難逃一死、難返故鄉的李琳彩，在處刑前夕咬破手指，在衣衫上留下血書：

遺衣言：母親大人尊前兒大不孝平常膝下
民國卅五年丙戌歲
九月二十二日子時歸終
二十七歲李琳彩

圖1-8　一九四五年六月十五日，新幾內亞島，一名十八歲的臺籍日本兵（或軍夫），正在接受澳洲軍方訊問。

來源：澳洲戰爭紀念館，檢索碼018627。Terry Gibson拍攝。

他將血衣交給判處有期徒刑的獄友，隔天含悲走上絞刑臺，死在異鄉新幾內亞。七年後獄友陳金榮刑滿回到臺灣，才將血衣交給李琳彩的母親。原本還有一絲期待兒子生還的老婦，一見血衣，哀慟欲絕。

這一批臺籍戰犯，最終一七三人判決有罪，其中二十一名戰犯判決死刑確定。沒有命喪沙場而死於法庭，這個怪誕的戰爭邏輯，李琳彩的母親永遠不會理解。

永恆之殤

在營區等待了一整年，簡傳枝等數百名臺籍士兵，終於等到了遣返的機會，返抵了基隆港。從船上看著故鄉，已經完全不是四年前的印象。港都有不少空襲殘留的斷壁殘垣，還有許多用漢字寫成的突兀標語。眾人望著陌生的字句不明意義，隱隱焦躁不安。

登岸時候，檢查哨士兵的衣著裝備都破破舊舊，紀律看來也不是很好，態度也像是對待敵軍般的不友善。士兵說的中國話，沒有人懂，經過一番雞同鴨講，簡傳枝他們身上的裝備，如手錶、水壺、綁腿布，悉數被士兵拿走。當時所有人都一心只想趕快回家，只能任憑搜刮。

離開港口，簡傳枝搭上一班破舊不堪的列車。沒有電燈的夜晚漆黑一片，漫長而疲憊的旅程之後，終於回到羅東車站。簡傳枝想起四年前的出征，送行人潮高舉國旗齊呼萬歲，對照此時猶如逃難返回的同一個站前廣場，真是不勝唏噓。

簡傳枝雖然慶幸自己活著回到故鄉，內心總還有悵然若失的感覺。他們在前線的經驗是說不完的苦難，此時回到臺灣，日語竟已成禁忌，戰爭經驗也像是不能說出口的醜聞。簡傳枝難以適應那樣的國語社會，找到宜蘭太平山下的鄉公所謀職，當地原住民只能以日語洽公，簡傳枝擔任口譯，至少自在一半。

從光榮的皇軍變成盟國的戰犯，活在中華民國統治下，明明應該是國民卻彷彿是宿敵。志願兵逐漸在創傷中老去。很久以後，有些人才組織社團，例如第一期志願兵辦了一個「南星會」，定期見見出生入死的戰友、聊聊不能公開的舊事。但也有些老兵無法適應急劇的落差，終其一生都在雙鄉認同下掙扎。

柯景星在拉包爾服刑，期滿後先由同盟國遣返到日本橫濱。日本援護局提供留下成為日本人的選項，條件是放棄中華民國籍。但即使臺僑廖文毅一直暗示他應當留在日本，思鄉情切的柯景星還是決定回臺灣。

下到基隆港，一批戰友都被帶進警察局，蓋上十個指紋建檔，像是罪犯。入境之後到臺北，又被帶進刑警總隊。隊長說除非有人作保，否則不能回家，並語帶威脅警告他們，日後

「用看的、用聽的，但就是不要用說的，也不要加入任何組織」。

從此，柯景星每個月都上警察局報到，住家附近隨時有情治人員跟著，偶爾警察也會上門刁難。他找不到普通的工作，只能在路邊賣水果，後來進到工廠做鞋子。將近四十年過去，柯景星已經七十歲，一名年輕員警告訴他，報告要結案了，問他要怎麼寫。柯景星淡淡回答，「我不偷不搶，隨便你寫吧。」從此終於不再受人監視。

在臺灣如異邦俘虜的屈辱生活，老兵勉強隱忍，而面對當年鼓勵他們報國從軍的日本政府，竟也冷漠切割，則是更感心酸。

臺籍日本兵向日本政府索討戰時積欠的薪資及撫卹，一律都遭到「非日本人」為由拒絕。歷經不斷提出抗議訴訟，一九八七年日本才特別立法以原積欠薪資一百二十倍金額做為「弔慰金」。柯景星當年軍屬月俸一百五十日圓，總共約莫領到弔慰金二、三十萬日圓。從軍期限相同的前日本兵領到的撫卹金，卻是他們的五十八倍。

臺籍日本兵不滿青春報國換來此等對待，不停向日本政府抗議，臺籍監視員簡茂松更是耗盡精力誓言討回公道。

簡茂松因為當年掌摑了盟軍戰俘，被判五年徒刑，與柯景星一樣關在新幾內亞。刑滿出獄後回到日本，海關官員淡漠一句「你們已經不是日本人了」，將他移置到瀨戶內海因島監獄拘留，等候遣返臺灣。簡茂松羞憤難忍，氣得逃出拘留所，從此在日本生活並成家立業，卻始終不願入籍日本。簡茂松從年輕開始寫信控訴日本政府，直到鬢髮斑白、垂垂老矣，仍得不到友善的回音。

這場戰爭無疑是臺灣歷史的人性悲劇。日本人在軍國主義的動員下，喊著大東亞共榮的口號，合理化了戰爭的罪行，包括對敵人、對同袍、甚至對自身的凌虐。殖民地的士兵，更是最荒謬的一群。他們比起內地的日本兵，有更嚴重的認同錯亂。在故鄉，他們是次等的被殖民者，在東南亞，他們是殘忍的侵略者。到了戰後，他們沒有受到祖國的庇護，卻要分擔祖國的戰爭責任。他們終其一生恐怕都有一個疑惑：究竟這場戰爭，臺灣人是為何而戰？為誰而戰？

這個疑惑，恐怕永遠不能釋懷吧。

許昭榮，前日本海軍特別志願兵，長期奔走抗議臺、日兩國漠視臺籍日本兵及「原國軍臺籍老兵」（一九四六年參加國共內戰、而後多滯留中國大陸的臺籍國軍）。二〇〇八年，高雄市議會將紀念二次大戰犧牲者的「戰爭與和平紀念公園」更名為「和平紀念公園」，七十九歲的許昭榮一聽到消息，難忍前仇舊恨，五月二十日總統就職典禮當天，獨自來到「臺灣無名戰士紀念碑」前，點了一把火自焚死諫。他的遺書，沉痛留下「愚兵愚兵一世人」等字句，潦草的幾句，一世的屈恨。

參考書目：

日暮吉延著、黃耀進等譯（二〇一七）《東京審判》。臺北：八旗。
吉田裕著、周保雄譯（二〇一七）《日本近現代史卷六：亞洲、太平洋戰爭》。香港：中和。
吳秀菁導演（二〇一六）《蘆葦之歌》（影片）。臺北：婦女救援基金會。
李展平（二〇〇五）《前進婆羅洲：臺籍戰俘監視員》。南投：國史館臺灣文獻館。
李展平（二〇〇七）《戰火紋身的監視員：臺籍戰俘悲歌》。南投：國史館臺灣文獻館。
李展平等（二〇〇五）《烽火歲月：臺灣人的戰時經驗》。南投：國史館臺灣文獻館。
周婉窈（一九九五）〈日本在臺軍事動員與臺灣人的海外參戰經驗：一九三七—一九四五〉，《臺灣史研究》二卷一期，頁八五—一二五。
周婉窈（二〇〇二）《海行兮的年代：日本殖民統治末期臺灣史論集》。臺北：允晨。
近藤正己（二〇一四）《總力戰與臺灣：日本殖民地的崩潰（上）》。臺北：國立臺灣大學出版中心。
陳千武（一九八四）《獵女犯》。臺中：晨星。
游永富（二〇〇二）《羅東鎮志》。宜蘭：羅東鎮公所。
蔡金鼎（二〇一五）《征憶：高砂義勇隊與國共戰爭時期原住民軍人口述歷史》。臺北：行政院原住民委員會。
蔡慧玉編著、吳玲青整理（一九九七）《走過兩個時代的人：臺籍日本兵》。臺北：中央研究院臺灣史研究所籌備處。

濱崎紘一著、邱振瑞譯（二〇〇一）《我啊！：一個臺灣人日本兵的人生》。臺北：圓神。
蔡錦堂編著（二〇〇六）《戰爭體制下的臺灣》。臺北：日創社。

第二章 大風起兮應遠行：臺灣少年工的故事

吳嘉浤

前言：風起了

從一個夢境開始說起吧。夢裡，穿著日式服裝的少年站在遼闊的草原上，身後，大批飛機襲來，竟有一名穿著西裝、金髮碧眼的矮壯男子一躍而下，殷切向少年展示他嘔心瀝血設計的飛機——卡普羅尼 Ca.3。

這名男子就是卡普羅尼（Giovanni Battista Caproni）。夢中，他向少年述說對飛行的熱情與憧憬：「這些執行轟炸任務的飛行員，有一半不會回來吧。……但是戰爭很快就會結束了。到時候，我要設計可以載運一百人以上的巨型客機，讓更多人感受到飛行的快樂！」

然後，天氣開始轉晴，巨大華麗的飛機降下，載起兩人飛翔到蔚藍的高空，俯瞰城市、河川、山陵……。

這是二〇一三年宮崎駿《風起》動畫電影的經典場景。這位少年就是堀越二郎，後來的

「零式艦上戰鬥機」設計師。他和夢裡從天而降的卡普羅尼，都是執著科學的工程師，都想要設計最好飛機，卻也都活在戰亂的年代。他們的設計成果，卻也分別在兩次世界大戰讓世人震驚，成為影響戰局的殺戮機器。

《風起》並不只是電影或是夢境。就在堀越二郎為「三菱內燃機製造株式會社」設計出零式戰機並且開始量產之際，一九四〇年代的臺灣有一批少年，真的懷抱飛機技師的夢，離開家鄉到殖民母國日本，奉獻青春的技術力與勞動力，投入「零戰」、「月光」、「雷電」等等軍用飛機的生產線。

遙觀戰火的童年

「かわいい子には旅をさせよ！」

東俊賢猶記得父親常掛在嘴邊的這句話，「越是可愛的孩子，就越該讓他遠遊啊！」

東俊賢一九三〇年出生在臺南新化的山村，這時日本統治臺灣已超過一個世代。特殊的姓氏，透露了他是平埔族西拉雅的子嗣，距離繁華俗世也有一段路程，自小與蝶雀猴蟹為伍，也不需知道太多世事的變遷。

不過，東俊賢的父親並不打算讓兒子一生與世無爭。這已經是人人都可以、或者都必須追逐成就的時代。

八歲法定學齡的前一年，父親就決然將東俊賢送進南化公學校，不顧疼孫的祖父反對，單趟路程就是一個多小時。每天黎明雞啼，小小東俊賢就被喚醒，隨著鄰居大哥哥翻山涉水，趕著七點五十分的升旗朝會。

父親的期許從不鬆懈。他告訴幼小的東：為了獎勵每天乖乖上學，會給你零用錢買零食，但剩下的要好好存起來，不可浪費！父親的教養一絲不苟。每天晚飯之後就是報告時間，今天上什麼課？交到什麼朋友？一天最後，父親會將三錢硬幣放進東小小的掌心，再盯著小小東俊賢投下一錢到儲蓄竹筒。

東俊賢在父親如儀式般的認真態度下讀書，戰戰兢兢看著竹筒的重量漸漸沉甸，心中踏實感也漸漸飽滿。

中日戰爭爆發後的第三年，東俊賢升上三年級，在父親為了提高東升學機會的考量下，又轉學到更加繁華的臺南市區的末廣公學校。通學時間直接省下，因為就寄宿在父親友人家中，不論疼孫的祖父如何表示不滿。

東俊賢十分興奮於市區的讀書新生活，尤其是得以親眼看見「零式戰鬥機」。末廣公學

圖 2-1 日治時期臺南市外永康飛行場，一群臺灣年輕人正在臺灣航空協會的指導下進行滑翔機訓練。

來源：朝日新聞社編，《南方の據點：臺灣寫真報道》。國立臺灣歷史博物館提供。

校就是今天的進學國小，位在臺南航空隊基地跑道的北端不遠。戰機一起飛，機翼就會掠過校舍上空，螺旋槳呼嚕呼嚕的聲音，在東俊賢的耳膜拍打，對著青澀的心挑弄，不管是否上課中，一定要想辦法探頭窗外。

學校老師會播電影，描述飛行員任務的《燃燒的蒼穹》、飛行學校生活的《預科練習生之歌》，東俊賢一睹航空隊的豪氣，心中也畫了一幅翱翔萬呎、高空作戰的夢想圖。如果有一天能駕駛零式戰鬥機，英勇地與敵軍作戰，該有多好呀！

於是十歲的東俊賢立下報考少年航空學校的心願。其實在這之前的中日戰爭爆發之際，東俊賢愛上過軍艦。那時日本海軍聯合艦隊的旗艦到訪臺灣，消息傳出，東俊賢的父親就專程帶他迢迢到高雄港，擠在人山人海的參觀民眾之間。東俊賢在巨大的艦砲跟前看到忘神，一直推敲裡頭是什麼構造、什麼原理……。最後是父親透過艦上放送系統，才由水兵把東找回來。

東俊賢看到海軍旗艦、啟發雄心，並不是偶然。一九三一年滿洲事變之後，軍方盤算以

圖 2-2 因應戰爭需求，日本帝國相當注重殖民地學童的航空知識教育。

來源：朝日新聞社編，《南方の據點：臺灣寫真報道》。國立臺灣歷史博物館提供。

圖 2-3 臺南航空隊飛行員一九四二年六月在新幾內亞島合照，坂井三郎為中列左起第二人。
來源：Wikimedia Commons

臺灣為進攻中國的跳板，所以每座都市都有軍事基地。戰爭的物件，因此滲透進了日常生活，誘引著東俊賢這樣的小男孩。從這裡啟迪的戰士熱血，沒有殺戮腥血的味道，而是鋼與鐵、現代與進步的感覺。

東俊賢對於軍事科技的欽慕，隨著戰火綿延日久，而更加饑渴。高雄海軍航空隊訓練過許多來自內地的戰士，例如有王牌飛行員美名的坂井三郎。訓練完畢，他們被派往中國空域，執行漢口、重慶等地空襲任務。一九四一年十二月八日，日軍偷襲珍珠港成功數小時後，坂井三郎就以臺南航空隊一員的身分，起飛襲擊美軍在菲律賓呂宋島的克拉克空軍基地（Clark Air Base），成為少年們口耳相接的傳奇。

戰爭的消息，在學校和新聞裡，都是日本

的國力崛起、皇軍武勇勝戰。戰爭其他的難堪面貌，只會偶然流轉於耳語之間，年幼的孩子誰也不以為意。例如學校的年輕日本老師因為徵召令來到而收拾包袱入伍去，東俊賢會聽到大人既慶幸臺灣人不用從軍真好、也憂慮戰爭再打下去說不定也要徵召自家子弟……。

東俊賢認為大人似乎在瞎操心，看看講談社《少年倶樂部》雜誌裡的連載漫畫吧。出身貧賤的正義之狗野良黑犬（のらくろ）加入了猛犬聯隊，對抗邪惡的豚熊聯軍有無數險逆，但即使飛機遭敵人擊毀，只要撐開黑傘就能平安降落啊！[1]上戰場？東俊賢和同齡的男孩一樣都不覺得是什麼問題。他們更急迫的煩惱，是用什麼方式升學、走什麼樣的人生？

東俊賢想要獨立自主，渴望學習科學，想要走一趟新聞描寫的廣大世界。升上六年級，要升學進入下一階段，東的第一志願是少年航空學校，他要成為臺灣籍的飛行員，駕駛日本最高科技象徵的零式戰鬥機。但是，報考航空學校，除須具備公學校的學歷，還要滿十四歲。

1 戰前極受歡迎的大人氣戰爭英雄漫畫《野良黑犬》，以一隻出身貧賤的黑狗為主角，描寫他加入猛犬連隊和邪惡的豬、熊軍隊作戰並屢屢戰勝高升的故事。該漫畫連載於講談社發行的《少年倶樂部》雜誌，在臺灣亦有流通。參見鄭麗榕，〈關於一隻黑狗與家族、戰爭記憶〉，https://goo.gl/Z3JOf3。

圖 2-4 戰爭英雄漫畫《野良黑犬》，主角是一隻出身貧賤的黑狗。

東俊賢還差整整一歲。於是東俊賢轉攻第二志願臺南工業學校電氣科，學習操作無線電。

其實他已經學會自己製作無線電，聽著遙遠都市傳來的廣播，想要像無線電波一樣飛越地理藩籬，看見想要看、聽見想要聽的現代新奇事物，想要翱翔到更遙遠的世界。

但是父親很反對。畢生都在地方當公務員的父親，雖然望子成龍，但卻擔心工業技師充滿危險，學電機可能觸電沒命、學機械可能齒輪咬傷、學化學可能實驗爆炸、學建築可能高處摔落……，怎樣想都不如從商做生意，既安全又舒適。

東俊賢極力反抗父親的安排。他向父親表達不願投考商學校，求助老師說情也無功而返。他無奈撐到最後一刻才交報名表，而且一度拒絕應考，直到父親趕來臺南苦勸，甚至加以責打，東俊賢才乖乖考上臺南商業學校。

東俊賢的人生想像，已經迥異於父親的期望了，他不要沒有挑戰性的未來，他在常聽的英語廣播節目，特別記得一句名言：「Boys, be ambitious!（少年啊，要雄懷大志！）」這句簡單的格言，出自明治時期來到日本的植物學教授克拉克（William Smith Clark）。他是北海道大學前身「札幌農業學校」的首任副校長，這句話後來也成為北海道大學的校訓，是日本面向現代世界奮發的座右銘。

東俊賢腦袋瓜烙著這一句，等待著找到志向、一展抱負的機會。

原來國家需要我

招募海軍工員的消息一出來，原先只在學校勤奮讀書的臺灣少年們才發現，以為遙遠的戰爭，竟離自己這麼近。

一九四二年六月，日本在關鍵的中途島戰役失利，美軍於太平洋海域逐步反攻。日本此役喪失四艘航空母艦、一艘重巡洋艦和近三百架戰機，還有大量資深的優秀飛行員。新聞仍然只有捷報，但日本政府為此已開始計劃在神奈川縣高座郡，籌建大型海軍飛機製造工廠，希望迅速提升飛機的產量。[2] 由於日本內地人力極度缺乏，青年男子不是在戰場上就是在軍需品製造工廠裡，殖民地的臺灣少年因而成為動員目標。

一九四二年底，招募行動透過各級學校系統展開，目標就是中等學校與國民學校的普通科、高等科畢業生。他們大多是十三、十四歲的青少年，剛完成初等教育，在升學或投入就業的選擇間持續摸索，萬萬想不到如此重大的人生抉擇，竟然快速到來。

---

2 當時日本軍隊的編制只有海軍和陸軍，沒有獨立的空軍。而海陸兩軍分別自有航空隊。

吳春生、吳春郎這對親兄弟，屬於最早就受到海軍工員誘引的臺灣少年之一。因為家裡太窮，兄弟兩人都接受教育，等於家裡損失兩支勞動力，因此要繼續升學，簡直是不可能的奢望。一九四三年四月，正要從國民學校畢業的弟弟吳春郎，看到海軍飛機工廠提供食宿、享有公費待遇並可半工半讀、未來可獲得學歷及專業證照的機會，自告奮勇要先到日本去。哥哥吳春生一樣心動。但因為還在國民學校高等科就讀，不得不留下完成學業。

弟弟離家大概半年，吳春生便在學校大禮堂看到少年工的宣傳紀錄片。影片裡，與自己同年的少年在工廠裡熟練運用板手維修機器，在教室專注學習精深知識的樣子，讓禮堂滿滿的學生目不轉睛，無比欽羨。大家都在盤算自己的人生，也都看到美麗的圖像，如果報名海軍工員就能穿著象徵知識的學生制服、抓住脫離貧窮農工家庭的機會，一邊賺錢一邊求學，多麼一兼二顧啊！

圖 2-5 少年飛行兵募集海報
來源：曾令毅提供

一九四四年四月，不理會戰時海路的萬分危險，年方十五的吳春生也選擇前往日本，與弟弟相會。

就在同一時期，剛考上臺南商業學校一年級的東俊賢也做了決定。學校英文老師轉述內地的消息，先是描述珍珠港大捷之後皇軍多麼神勇，美帝隨之的反撲多麼囂張，以及提一點日本本土遭受美軍戰機攻擊的憤慨……。接下來——老師雖未明說但應該不難想像的——可能就是臺灣了！東俊賢和同學從老師悲壯的神色，讀出這樣的訊息。

「除了奮力出擊別無其他辦法！」老師用力吐出這句話，激情傳向臺下的學子：這就是為國效力的時刻！

當下，一班少年都彷彿看到自己坐在零式戰鬥機上，駕馭引擎的爆音和呼嘯的風，靈巧衝進美國敵機陣隊。不過隨後老師的話鋒一轉，他說，不是鼓勵你們去開戰鬥機，而是要在其他有意義的位置上戰鬥。那是什麼？

如果敵人在一個月內生產一萬架飛機，那我們也非得在一個月內生產一萬架飛機不可！[3]

3 這句話出自紀錄片《綠的海平線》（十八分鐘處）引用日本戰爭期紀錄片《制空》中的臺詞。

不倚靠國民一致的精神力，不可能逆轉「鬼畜英美」早已領先的科學技術。製造飛機需要技術人員！老師說，國家提供教育、訓練與吃住，依學歷，三至五年內還可取得等同工業學校的學歷，比同輩直接跳了一級。[4]這不正是一展抱負的機會嗎？

招募海軍工員的活動，雖然已經開始一年多，但東俊賢之前還少一根違逆父親意願的火線。但是經過升學考試的衝突，東俊賢已經轉向想走自己的路。現在不就是機會？東俊賢根本不和家裡商量，毫不猶豫填下申請書，還跑去日本刻印舖找到「東」的姓氏章，買回來蓋上，遞出報名。

「你的父母親真的有同意嗎？」東俊賢交出申請書的緊張神色，引起老師小小的懷疑，但為了報名人數總是愈多愈好，還是收下了申請文件。就這樣，東俊賢展開人生第一次、也是人生最關鍵的叛逆。

很快，東俊賢收到合格通知，立刻寫給父親一封快信：「不孝兒為學習工業技術，欲藉此機會免費至日本求學，請父親原諒……。」

4 公學校實習五年後可獲得工業學校學歷資格，若原為高等科則只需三年。

父親聞訊，緊張地奔走疏通，神通廣大找到一條規定，「若有本人同意，可因長男、獨生子原因撤回資格」，並且央請東俊賢的小學啟蒙恩師曾先生勸說。

然而，父親和老師都不再是他小時候心目中那些天塌下也能頂住的巨人了，而且此刻回頭，更要冒著眾人指為日本帝國叛徒之危險。東俊賢領悟，這個世界很遼闊，如果要到達更遠的地方、學習更多的事情，必須借助國家的力量，也一定得做某些犧牲。家庭，是必要的犧牲。

東俊賢面對動之以情的曾老師，咬著牙告訴他：「我不想再念書，要為天皇效命！」一句話就如五雷轟頂，曾老師也只能即刻肅立，恭敬說道：「是的，知道了」，靜默騎著自行車離去。平素偉岸的長輩也無從反駁，年輕的東俊賢瞬間見識國家的威力。

經過嚴格的體檢及面試，臺南商業學校一共只有七人中選，足見是百中挑一的好男兒。從軍的時程比預料更快，新的學期一開始，賞櫻出遊才歸來，校長就在朝會公開表揚他們，稱讚他們是年輕勇敢的猛鷲，雖在地上作戰，絕不遜於一飛衝天的戰士，再期勉他們藉機發揚南商之校譽，向內地人證明南方男兒的驕傲……。語畢，贈上光彩奪目的紀念徽章，全校師生齊唱校歌歡送：

南商學子，勤勉向學，懷抱大志，展翼四方……

如櫻花一般，這些少年就將脫離母枝的束縛而飛舞，在時代的旋流之中禍福難料。

初生之犢

已經是一九四四年四月底，東俊賢這天要出發前往高雄岡山的海軍第六十一航空廠報到，與來自全臺的少年工集合、接受基本訓練，再一起搭船去日本。

應募少年工的最先一批已在一九四三年四月三十日出航，日方總共募得八千四百多名臺灣少年，把他們分成七期送往日本接受培訓。東俊賢是第七期，也是最後一期，要在岡山六十一航空廠待到五月十三日才會出航。

父親知道無可攔阻，才十四、五歲的小孩啊，只能盡力幫他採買裝備，期待北國生活不要匱乏。父親送來真皮行李箱，塞滿寒冬必需的冬衣、手套、厚襪，還有一本書《人を動かす》。這本源自美國史上最暢銷勵志書，原名*How to Win Friends and Influence People*，後來中譯為《卡內基溝通與人際關係——如何贏取友誼與影響他人》，想必擔心兒子的執拗性格，希望幫他適應軍旅生活！

東俊賢由特別前來相送的父親陪同，來到火車站。父親突然一頓，解下皮帶，繞過自己的腰間微微勒緊。東俊賢彷彿感覺到父親厚實手臂的溫度。

臺日間航海危險萬分，客輪高千穗丸最近才被美國潛艇炸沉，要特別小心！平安到達日本起居時，記得打通電報回來，就寫「送衣物過來」即可，我便知道你一切無事。願你平安回來。

父親的話充滿憂心，最後一句是低聲說的。東俊賢的壯志更加萌燒，他暗暗發誓此行日本一定努力奮鬥衣錦返鄉。否則，如何慰勞父親這一番辛勞？

在岡山的等待期，少年工一千人住在簡陋的「南開寮」——其實只是竹子搭造的臨時宿舍。只有一個月，也是要訓練，少年工幾乎都是初次體驗軍隊集體生活。訓練十分嚴格，作息極其規律，早上六點起床、晚上十點就寢，訓練內容包括生活常規、軍歌教唱、體力訓練。

這群少年工起初雖宛如初生之犢的情緒高亢，但畢竟不脫稚嫩。受訓期間，就一直殷望放假，多數人的父母都會盡量抽空探班，帶來珍貴的水果罐頭、糖果餅乾。

第四期生陳碧奎在一九四三年七月一日來到岡山，因為在校當過多年班長，所以被任命為小隊長，負責帶領少年工一個口令、一個動作的操練。十幾歲的男孩，這麼大的壓力，陳碧奎雖然想要獨立自主，卻也難以壓抑期待家人探視的心。

> 常常在星期天偷偷地站在會客室外頭，滿懷羨慕的眼神看著一幕幕親人相聚的情景。

但好強的陳碧奎，始終沒有提筆寫信要求父母。直到結訓前的最後一個週日，廠方突然通知他有人來會面，一時難以形容的期待一湧而上。興沖沖來到會客處，一看竟是同學洪水備的父親，說是代替父親而來什麼的。陳碧奎的期待急轉為失望，哭喊著「沒來就沒來，為什麼要騙我？」父親知道陳碧奎的反應之後，翌日連忙從北港帶著糖果趕來，陳碧奎見到父親的心焦，心中更加五味雜陳。他知道自己任性決定從軍造成家人的負擔。然而，這已是不能輕易回頭的路，只能繼續走了。

宿舍環境簡陋、衛生惡劣。天氣稍一炎熱，病菌就來肆虐，東俊賢的部隊爆發了阿米巴痢疾大傳染。很快，一名同梯的羅姓少年死了。看著領取火化後遺骨的家屬悲痛的臉，東俊賢才初次觸摸到未來暗伏的巨大風險。

少年工父母的憂心忡忡漸漸浮現。畢竟時局並非尋常，臺日航線底下，潛伏美軍的潛艦和魚雷，靠近日本本土，還有盟軍的炸彈威脅。「內地」其實是父母眼中危險的「前線」。東俊賢的父親兩次到岡山探視，但是第二次就是出發當日，東俊賢選擇避不見面，只收下父親的禮物，逃開過於沉重的離別。

八千四百多名少年工陸續由岡山渡海出航，目的地是神奈川大和村的「高座海軍工廠」（原稱「空C廠」，一九四四年四月更名）。為了躲避盟軍的監控，航空廠設計多種不同的航線。二期生搭的「さんとす丸（SANTOS丸）」及「鎌倉丸」，從高雄港出發後先南下巴士海峽，再轉北航行太平洋駛至橫濱港。但之後期別的路線，大都改成沿臺灣海峽、東海，穿過日本對馬海峽至神戶港，每一趟航行都要迂迴。東俊賢搭乘的「淺間丸」則更是曲折，先路過沖繩、再到上海，最後才駛至對馬海峽。

即使迂迴，仍不免遭遇敵潛艦。此時少年工還不是戰鬥配置人員，只能閉目祈禱媽祖、觀音保佑。幸好，七趟航線沒有受到任何砲火直擊，全部平安抵達日本。

這群少年迎到了嚮往已久的內地風景：平靜溫美的瀨戶內海、帝國象徵富士山、日本最長的丹那隧道、護持國家的大船觀音……。原本在雜誌和繪葉書（風景明信片）才得見的帝國名勝，驅走了離家的沉重心情。少年工再度興奮，期待嶄新的生活。

戰士的榮譽？

少年住進聳立荒地的高座海軍工廠工員宿舍之時，心中應該都湧起興奮的願景，要認真當學生、要努力成為技師，要獨當一面，要衣錦還鄉！

然而報到日發下來的衣服，並不是期待中的學生服、學生帽，而是工人服、工人帽，少年大失所望。說好的學習和專業，該不會是騙人吧？他們帶著模模糊糊的擔憂，半推半就開始上工。

第一期起始的半年，海軍確為少年工安排了國文、英語、公民、地理、歷史、機械、數學、飛機製造概略，課程也算扎實，工廠實習則占了一半左右的分量。然而隨著戰況繃緊，飛機製造人力需求吃重，學科課程已逐漸減少。到了開訓一年多之後的第七期，差不多都是工廠的實務，頂多上一點簡單的飛機知識罷了。

工廠實務，程序單調而一絲不苟。鏨鐵板，幾乎每天都要練習。少年工每人發一柄鏨刀、一支鐵鎚，五人共用一張長方桌，桌上鎖著虎頭鉗，虎頭鉗夾著厚鐵板。少年工左手握鏨刀、右手握鐵鎚，隨著指導員的哨音，一鎚一鎚使勁擂打鐵板。

哨音忽快忽慢，起初掌握不到節奏，稍一著急，右鐵鎚就打上左拇指。受傷了是嗎？那代表你的精神不集中、技術不純熟！指導員嚴厲的斥責，不會容許休息，更不准請假。少年們忍痛夾住受傷的拇指，用其他指頭握住鑿刀再敲。必須一鎚鑿斷鐵板、或扭彎鐵板成為線條曲致的器具，才算訓練完成。

海軍工廠規定早上六點起床，五分鐘之內完成整理床鋪、穿衣漱洗、操場集合。朝會開始，教官先來一場訓話，接著體操、跑步，朝會結束，白天不同課程和實習。晚餐之後，是室內掃除，木板走廊要用抹布洗刷，置物櫃、窗戶臺必須一塵不染。

如果要求沒有達標，就有各種「海軍制裁」——跑操場、伏地挺身、互打耳光。殖民地的少年，也要訓練成溫馴可靠的戰備工兵。

數個月的訓練之後，海軍本部開始分派少年到日本各地飛機製造廠。地點至少十處，有的是海軍自身工廠，有的是配合海軍的民間製造廠。最北，是群馬縣的中島飛機小泉工場，最南，是長崎的第二十一號航空場，南北相差四百多公里。

下了工廠，多數的操練不會再太過嚴格，少年工稍稍找到工廠的生活節奏，假日也能出遊。派駐千葉縣「日本建鐵」的少年工，會相約到成田山享受美食，派至神奈川縣橫須賀工廠的，常去橫濱中華街、港口逛一逛，即使留在最嚴格的高座海軍工廠，也能走一趟風景明媚的江之島、史蹟豐富的鎌倉。

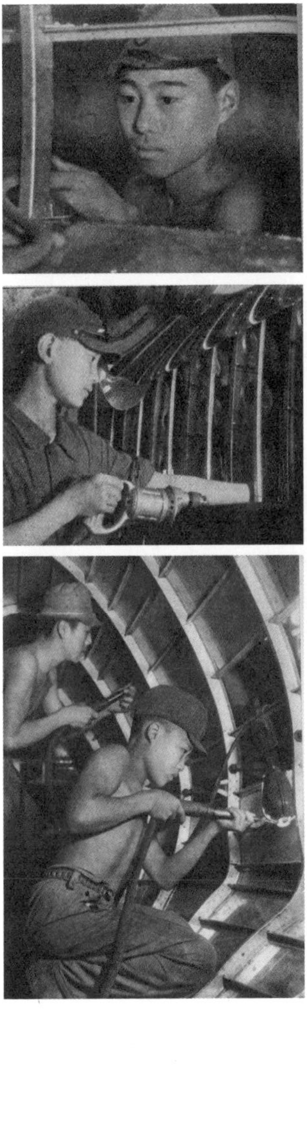

圖 2-6 受訓中的臺灣少年工

來源：朝日新聞社編，《大東亞戰爭と台灣青年：寫真報道》。國立臺灣歷史博物館提供。

東俊賢分派到横須賀的海軍航空技術廠。依然是軍隊式集體生活，宿舍寮長姓木村，規定更加嚴格，掃除也要一個哨音一個動作，未達要求就是鐵拳揮來。

有一天，宿舍有人偷竊，木村寮長怒髮衝頂，每天半夜都集合操練想逼出犯人，不只沒有效果，更搞得少年工不堪其苦，士氣低落。東俊賢為了阻止事態惡化，竟然主動舉手聲稱：犯人就是我。木村寮長知道犯人不是他，私下相談後，很稱讚東俊賢的主動犧牲，停止了無理的懲罰。之後破案，果然不是寮內少年工。

這個事件後，東俊賢反而獲得器重，不只可以學習更高階的熔接技術，也參與了特別攻擊機「櫻花」之製造，一個代號「MXY7」的祕密生產任務。

駕駛攜帶炸彈的飛機、連人帶機撞擊敵艦的自殺式特攻隊戰法，普遍認為「發明者」是最早著手研擬偷襲珍珠港計畫的海軍中將大西瀧治郎，而第一批神風特攻隊出現在一九四四年十月的美日菲律賓雷伊泰灣海戰（Battle of Leyte Gulf）。以「神風」稱呼執行特攻任務的部隊，以「櫻花」為自殺式攻擊飛機命名，這是日本近代史戰鬥美學的最詭異典型了。

「櫻花」自明治維新以來所代表的國民之「勇武」，此時已經轉為象徵「犧牲」了。太平洋戰爭中，特攻隊出動三千二百架飛機，僅達成一成的命中率，七成沒有返航。有人分析，因為過度追求速度，加上自知必死的飛行員總在最後一刻閉上眼睛，所以失了準頭。參與其中一個環節的東俊賢，觀察到另一個面向。因為「櫻花」是為了直接衝撞而設計，沒有起落架，航程只有三十六公里而無法長途飛行，必須由轟炸機攜帶到離目標不遠的空域，然後放開而去，機動性大為受限。東俊賢的工作，就是製造轟炸機攜帶「櫻花」的懸吊裝置。

這是戰鬥機？不，是有翅膀的砲彈！東俊賢執行熔接工作之時，偶爾會想著駕駛員是什麼心情？未料「櫻花」試作機完成之際，特攻隊員真的探訪工廠，從祕密通道直接來到「櫻花」最後組裝地。

兩名特攻隊員，身穿褐色飛行服，額繫印有日之丸的白絹頭巾，其中一名看來很稚嫩，感覺不過十八歲。他們對著工廠的少年工，舉起右手行禮，充滿元氣地說：

各位辛苦了！我們已準備好要前往消滅敵人！

兩人的任務就是名副其實的凋零之櫻，東俊賢心中浮現他們出征前揮舞櫻花枝告別同袍的影像，一陣痛惜，想著：「如果當初我也去讀了飛行學校，是否今天為國犧牲的就是我了？」

這並非胡亂揣測，特攻隊員多數就招募自年輕的海軍飛行預科練習生（簡稱「預科練」）

和陸軍少年飛行兵。因為專業軍人生涯有更完整的養成，因此軍方猛烈鼓動少年航空兵、甚至一般學生「志願」來應募。不過殖民地臺灣人很難進入航空飛行學校受訓成為飛行員，所以幾乎都不在特攻隊裡。唯一可知，只有苗栗少年飛行兵劉志宏，他在一九四四年十二月駕機衝撞美軍敵艦，但是中途就遭戰機攔截擊毀身亡。

特攻不需要飛行技術的累積，隊員都化成一枚一枚的砲彈，射出即棄。東俊賢想到這，又是一陣戰慄。

圖 2-7 臺籍神風特攻隊員劉志宏戎裝照
來源：曾令毅提供

炸彈可不長眼睛阿

櫻花攻擊機出動的時候，日軍已經在太平洋不斷退守，美軍的轟炸也一直向北推進，來到了臺灣。為什麼選中臺灣？

美軍在一九四四年六月菲律賓海海戰（馬里亞納海戰）得勝、掌控西太平洋之後，進一步計劃在十月二十日登陸雷伊泰島以奪回菲律賓。為了破壞日軍在臺灣二十餘座機場的增援能力，美軍從十月十二日起連續轟炸臺灣各地多日，攻擊目標就是機場、港口、軍用廠房等。

日本當局的新聞報導，都是日軍擊落美國軍機的數量；但少年工們瞭解，這個臺灣第一次遭受的大規模空襲，傷亡難料。大家莫不驚憂，家鄉是不是安好？空襲會不會更嚴重？美軍要不要登陸臺灣？

但基地的生產線不會暫停，少年工卻已無法專心，好幾人突然停下工作，躲到工廠角落偷偷哭泣。新任的石川副組長發現，暴跳如雷舉著塑膠瓦斯管，逐一鞭笞所有少年工。

你們還在這裡偷懶什麼？難道不知道進度有多麼危急嗎？

為了國家的任務，離開有父母親的家，捨棄吃飯休息，不眠不休工作，少年工不甘受此責罵。他們當下靜默，夜晚留下加班，然後乘著長官返回宿舍路上，群起擲出石頭，隨即一哄而散。隔天，東俊賢被憤怒的花形組長叫去，要求指出密謀者。

「什麼，竟然有人如此大膽！但我完全沒聽說有誰敢做出這種事啊？」東俊賢明明參一腳，卻裝腔完全不知情。花形組長一聽平時乖巧的東俊賢也造反，心知少年工怒氣不可小覷，於是放棄追究，並改變管理方式。

轟炸的腳步沒有暫緩，美軍在菲律賓告捷，接著於十一月開始大規模轟炸日本本島。大城市的軍事基地，正是重點攻擊對象。

十二月起，美軍多次出動B29轟炸機，瞄準「三菱重工業名古屋發動機製作所」攻擊，丟下高空爆破彈及燒夷彈。燒夷彈一落下，凝固化的汽油飛散，木造房舍沾到迅即起火燃燒，爆破彈隨後再炸壞水泥房舍。其中十二月十八日的空襲轟炸，導致名古屋的建築物毀損十七%，戰鬥機產能下降二五%，死亡二百多人，其中臺灣少年工有二十五人罹難。同一波攻擊也襲向高座、長崎、九州、橫須賀等工廠，也有至少六十名少年工死於美軍炸彈或機槍。

少年工至此真正感受到，自己來到了戰場。比起邊陲的臺灣，日本更是美軍戰略射程的核心，比待在臺灣危險何止十倍。

一般聽見空襲警報，就趕緊躲進防空壕。但瞬息萬變的空襲現場，集體避難不能保證安全。

工廠要趕工，也會發生難以決斷的情況。有時空襲警報已解除、但警戒警報還在，工廠指揮軍官也不知敵襲的威脅是否猶在？不過生產進度的壓力太緊迫，徹夜趕工的工人又累又餓，必須趕緊下班換人……。何時解除避難就成為麻煩。高座工廠曾因此發生事故。原以為空襲警報已經解除的疲憊少年工，迫不及待跑回宿舍，路上橫遭戰鬥機襲擊。六名少年當場炸死，倖存者拿筷子夾起支離破碎的屍塊，哭著拼湊一個一個哀傷的人形，才送進火化爐。

戰爭末期，美軍航空母艦載來輕便小巧的P51型戰鬥機，加上B29轟炸機於高空垂下鋁箔條，干擾日軍的雷達運作，因此無法感知小型戰鬥機的入侵。

因此許多倖存的少年工都曾遭空中機槍近距離掃射。如陳碧奎，有次剛走出為了躲避敵襲而建造的高座地下工廠曬太陽，就遭遇P51型戰鬥機從頭頂掠過。只聽得「噠噠噠」一陣機槍響過，陳碧奎下意識地倒退幾步，飛機終於飛遠，仔細審視地面，居然就看見子彈插在幾步之遙的地面。生死一瞬。

出征前老師慷慨激昂的宣傳，以為臺灣是南線的航空母艦，實在是錯估形勢了。現在只有保全自己一條性命，希望日本反敗為勝，一切回歸和平。這些日子學到的經驗和技術，總要化為實實在在的學經歷吧！不然這段時間的努力豈不付諸流水？萬一日本戰敗的話……，大多數人不敢多想。只知道，活下去！這點至為重要。

一九四五年三月十日凌晨，東俊賢正值班看守緊急地底工廠的施作工程。他擡起頭，遙遙看見東京上空染成赤紅色，爆炸聲不絕響起，肉眼即可見到B29轟炸機低空飛來，和地面對空的砲火交互來往。

轟炸機落下的砲彈明顯占了優勢。地面向上投射的探照燈光，陸續被強制抹殺了。映入東俊賢眼底的，是一道道奪目的砲彈殘光。這就是一夜死亡十萬人的東京大空襲。

東俊賢抑制不住好奇心，坐車進到了東京一趟，舉目所見都是廢墟及屍體，連河川都有死屍漂浮。他震懾不已地逃回橫須賀。這樣的人間煉獄，日本什麼時候才能脫離？若能僥倖活下來，我們會變得如何？東俊賢迷惘地問著自己。

不知不覺抵達了終點

一九四五年的八月十三日再度出現空襲警報。當警報結束，少年工走出防空洞，卻看到空中飄落白色的傳單，從陸地延伸向海。遠目一望，幾架丟傳單的轟炸機像小黑點朝向地平線移動過去。東俊賢感到奇怪。

過去不是沒有看過轟炸機丟下「紙彈」，空中爆開後就掉出數百、數千張傳單，但從沒這麼密集。有一次掉到東俊賢腳邊，他記得傳單的文案這樣寫：「時間就要到了！」圖繪是一個

圖 2-8 一九四五年三月十日凌晨東京大空襲過後，市區淪為一片焦土。
來源：美國國家檔案館（NARA）典藏 via fold3.com

大鐘面，數字刻度都是太平洋的日軍基地，「一」是瓜達康納爾島（Guadalcanal）、阿圖島（Attu）等太平洋外圍戰區，「九」之後依順時鐘，標記關島、菲律賓、沖繩……，旁邊都貼著一枚折斷的日本國旗。最後，鐘面的分針走到「十一」的沖繩，時針「十二」烙在日本本島。不言而喻地警告：美軍戰線推進到日本本土了，投降趁現在吧！

這些威嚇日本國民的傳單，臺灣少年工看到後的反應卻是：啊，臺灣真的不在美軍的登陸範圍了！因為故鄉免受戰火而心安。

但是，這次掉落的傳單內容不同，竟然是說美國已經投下原子彈，日本已經投降……。訊息太過驚人，反而難以置信。東俊賢忍不住多看了幾眼，又不禁擔心起

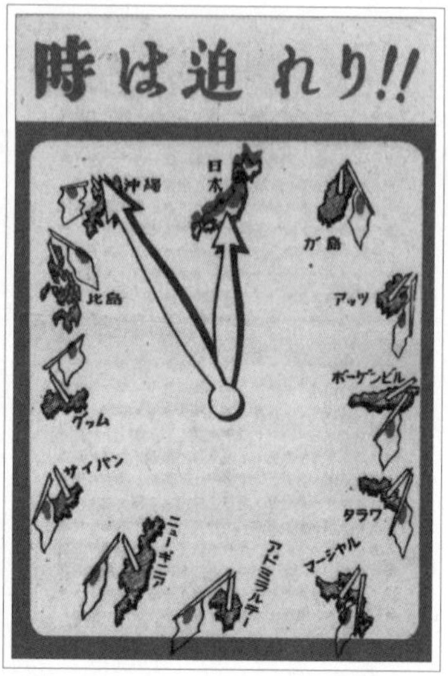

圖 2-9 美軍空投日本本土的勸降傳單

周遭的視線；如果有人舉發怎麼辦？憲兵無孔不入，一股恐懼襲來，趕緊像扔掉燙手火炭一樣丟下傳單。

終結這一切的時刻，的確到了。八月十五日大約十一點剛過，工廠突然緊急廣播，要求全員停下工作，戴上戰鬥帽，盡速集合。數千名少年工及作業員，列隊在面海的大廣場，等待重要事項宣布。

聽說天皇要親自宣布戰爭的大決定！訊息快速在少年間傳開了，日本國民皆知天皇親自廣播「玉音放送」，可說是幾乎未曾聽聞。許多人直覺是，帝國是否又將升高戰爭情勢？如同從小學校《教育敕語》背誦的「爾臣民……義勇奉公，以扶翼天壤無窮之皇運」，為了帝國要誓死戰到最後一刻嗎？

正午，司令臺放出日本國歌〈君が代〉，所有人靜默肅立，然後一縷充滿雜訊的細小聲音傳了出來，用語是十分難懂的古語，「朕深鑑世界大勢……非常措置收拾時局……朕堪所難堪……以為萬世開太平……」，是天皇的聲音啊！到底說了什麼？放送結束，東俊賢和其他人一樣，無法完全理解，只能靜靜等待說明。

全身軍裝的廠長和田操中將走上司令臺，宣布：「日本戰敗了！」這話如青天霹靂，眾人在一片靜默中露出了震驚、苦澀、呆滯等各種表情，不知該如何是好。東俊賢聽著和田中將繼續說：

雖然海軍的厚木航空隊主張要奮起持續抗戰，但這毫無意義。輸了就是輸了。日本是在科學上輸給了美國！我們要謙虛地接受這一點，今後一起為了日本的復興盡力吧。

科學！東俊賢想起那些乘著「櫻花」肉身對抗敵艦的特攻隊員，不禁悵然。是啊，確實科學不如人。不就是迷信精神戰勝一切，才有無數不必要的犧牲？聽著想著和田中將的自省，東俊賢也驚悟：而我，不正是為了學習科學技術來到日本？

原來國家是這種東西啊

在一九四三年至一九四四年間，來到日本的臺灣少年工共計約莫八千四百人。他們的目標一致，希望透過為國奉公，取得技術專員資格。只是戰況激烈，絕大部分都未能如預期接受正規教育，而是在類別相異的各條生產線忙碌。只有極少數完成特殊培訓課程取得資格，例如高座海軍工廠一九四五年三月辦了一場培訓班的畢業考試，約一百名臺灣少年工取得畢業資格。即使如此，仍與夢想中設定的技師、技手身分差一大截。

日本戰敗以後，少年工陸續從各個派駐地回到高座宿舍，海軍工廠密切配合的厚木航空隊掀起的另一場紛亂，隨即登場。

八月十五日以來，各地偶有主戰派軍官繼續軍事行動、甚至發動政變。位在高座海軍工廠旁的厚木航空隊，也發出一決死戰的傳單，要求生產線繼續運作。甚至美國軍機前來偵查，厚木還以砲火還擊交戰。直到八月下旬，政變和頑抗都漸消弭，美軍正式登陸，高座的少年工終於完全停止一切工作，反而開始為了美軍的登陸，協助整理混亂不堪的厚木機場。

八月三十日，麥克阿瑟的軍機降落在厚木航空隊，少年工列隊歡迎。「立正！敬禮！」向新的東亞霸主致敬。九月二日，日本政府及盟軍代表於停泊在日本東京灣的美國軍艦密蘇里號簽署降伏文書。

此時東俊賢還留在橫須賀海軍基地。美國軍艦駛進港口，全副武裝士兵由登陸艇進入城市。少年們揣測：難道快要驗證戰時日本政府宣傳的場景，殘虐的英美軍隊將帶來凌虐和屠殺？

群眾不安，東俊賢好奇躲在角落觀察美軍隊伍：水陸兩用的舟艇先導，吉普車牽引著大砲，配備步槍、彈鏈、手榴彈的步兵，嚴整兩列縱隊進入東京。

原來這就是美國的科學啊！東俊賢大為嘆服。紀律嚴整的美國士兵，親切對待東俊賢這樣的少年，知道他是臺灣人還主動贈送餅乾糖果。原來這就是美國的民主啊！東俊賢自然而然地接受，這正是終戰帶來的「從天而降的禮物」。[5]

日軍武裝全面解除了，高座海軍工廠自然也是。東俊賢回到無人管理的高座寮，因為領了橫須賀工廠六個月遣散費，基本生活無虞。有的少年工就不如此幸運，沒有薪水，沒有膳食，只能以大豆渣為主食，餓到受不了就偷拔附近農田的蘿蔔和番薯葉充饑。

問題無法解決，少年工集體自立組織了「臺灣省民自治會」，向神奈川縣廳、日本中央政府交涉，終於在寒冬來臨前獲得了糧食、煤炭。

宿舍裡，少年們也交換著各式各樣的情報。哪裡有便宜的食物？有沒有賺點生活費的法

---

5 這是漫畫家加藤悅郎的形容。

子？當然還有更重要的，何時可以坐上返鄉的船？

回臺灣，幾乎是所有少年工的急迫願望，東俊賢也是如此。但是也有例外。六期生的吳春生，當年是和弟弟吳春郎先後來到高座，想學習技術、獲得學歷，即使日本戰敗，他也不想放棄願望。其實許多少年工在發現工廠不給正規教育，早就參加通信教育，擠出下班時間自我進修。臺灣「光復」後回到家鄉，難道一切從零開始？他們不免猶豫。

少年們一直等到年底，和臺灣省政府不斷交涉，終於來了接送返鄉的船隻。一九四五年十二月起分成四個梯次，陸續約有七千名少年工返臺。各種驚悚的場景都會發生在擁擠的船艙裡，邱永漢戰後在小說〈濁水溪〉描述與少年工共同返臺的船艙經驗。密布著汗臭、跳蚤、細菌，晚上大批乘客在船艙打地鋪就寢，天花板竟落下一滴滴水珠。原以為是漏水，一查才知是船艙乘客太密，吐出的氣息上升到鐵皮艙頂遇冷凝結，落回返鄉遊子的頭頂。

一批批帶著滿身疲憊和跳蚤的少年工，踏上故土，迎面而來的是巨大而陌生的青天白日滿地紅旗，四周則是圍繞操著奇異口音的士兵與官員。少年工們的眼睛看出去，裝備破舊、紀律散漫的軍人，似乎象徵衰弱的國力；人治優先、法治鬆脫的官員，新的「祖國」中國是否仍然停留在封建裡？

小心！不要靠近駐紮在村裡的支那士兵！

好不容易回到山村老家的東俊賢，劈頭就被叔父警告中國兵的不可信，十分訝異。東俊賢本想利用日本學到的熔接技術找工作，但還是聽從父親意見，先進私塾學習漢文，準備接受北京話的「國語」教育。他接著入學臺南師範學校，才在第一學期，臺灣就爆發二二八事件。

臺灣許多知識分子在這場變局消失，許多抱著改革理想的青年，對國民政府幻滅。東俊賢父親中學時代的恩師林茂生，戰前畢業於東京帝國大學文學部、戰後又取得美國哥倫比亞大學博士的俊才，在擔任臺灣大學文學院長之時，遭到特務擄走，從此消失人間。

二二八事件之後，國民政府對於有日本留學經驗的臺籍青年，似乎更加不信任，他們於是奔相走告臺灣肅殺的氛圍，各自警惕。有不少臺灣少年工選擇回到日本，然而日本也有愈加嚴峻的排外氣氛，不願長待日本的少年工，就有人把目光投向「新中國」。

出身屏東的七期生林文瑞，留在日本卻經濟困窘，學業無以為繼。中華人民共和國成立後放出招募留學生歸國的消息，林文瑞知道可以免費讀書，滿心期待前去。

與林文瑞同樣在一九五〇年代從日本投奔新中國、響應建設大業的臺灣留學生，超過五百人。他們活用所學，為理想中「祖國」奉獻青春，但在六〇年代，卻無不被捲入文化大革命，因為留學日本經驗而遭到清算。林文瑞是少數活下來的倖存者，二十年後才離開下放的新疆，輾轉途經日本回到故鄉屏東。

吳春生和返歸臺灣的弟弟分道揚鑣，一直留在日本，做做小生意維持生計，再半工半讀讀法律，最終得以在美軍基地覓得法律顧問一職。也算是在亂世中一圓立身出世的目標。回到臺南故里的東俊賢，熬過二二八的亂世，克服新的國語障礙，從師範學校畢業。之後擔任教職，他仍不忘對無線電技術的熱愛，一直透過日本通路，學習電子技術的新知。教書十年之後，他決意放棄教職，回到日本完成夢寐的求學之路，開啟日後創辦電子公司的契機。

臺灣、日本、中國……。戰後臺灣的「光復」，並未留住這群少年，也未阻礙他們跨越國界。或者說，各種新的國家想像，給予少年工更多力量。原本寄託日本帝國的自我理想，雖然挫敗，但是〈君が代〉歌聲隨著戰爭消弭之後，他們還是頑強地唱著新的人生故事。

參考書目：

土屋禮子著、劉鳳健譯（二〇〇八）〈第二次世界大戰對日宣傳傳單研究概述〉，《軍事歷史研究》四期，頁一七四—一八四。

田河水泡（一九六九）《のらくろ総攻撃》。東京：講談社。

何義麟（二〇一二）〈戰後初期臺灣留日學生的左傾言論及其動向〉，《臺灣史研究》十九卷二期，頁一五一—一九二。

東俊賢（二〇一一）《臺灣少年物語：燃ゆる志の試煉と感謝改訂版》。桃園：東俊賢。

林景淵（二〇一七）《望鄉三千里》。臺北：遠景。

近藤正己（二〇一四）《總力戰與臺灣：日本殖民地的崩潰（上）》。臺北：國立臺灣大學出版中心。

邱永漢（一九九五）《濁水溪》。臺北：允晨。

約翰．道爾（二〇一七）《擁抱戰敗：第二次世界大戰後的日本》。臺北：遠足文化。

宮崎駿（二〇一三）《風起》（影片）。東京：吉卜力工作室。

馬丁．凱登（一九九六）《零式戰鬥機》。臺北：星光。

郭亮吟（二〇〇六）《綠的海平線》（影片）。臺北：遠流智慧藏。

陳世芳（二〇一四）〈軍事動員與少年飛行兵〉，《臺灣學通訊》八一期，頁十八。

陳碧奎口述（一九九八）《赤手空拳：一個「少年工」的故事》。臺北：前衛。

鄭麗榕（二〇一五）〈歷史學柑仔店：關於一隻黑狗與家族、戰爭記憶〉：https://goo.gl/piUqY8

藤田賀久（二〇一七）〈高座海軍工廠と台湾少年工——日台関係史の一断面〉，《紀要》九期，頁十三—三十。

第三章　堇花，紅十字與南十字星：醫療者的故事

馬翊航

廣島之夏

二〇〇〇年六月，日本廣島縣的見晴溫泉區，著名旅館「夢之宿」門口一幅歡迎立牌寫著「歡迎廣東一陸會御一行樣」。這是成立約半世紀的廣東「第一陸軍病院」戰友會，在此舉行第三十四次大會。

戰火在他們青春時燃起，青春時熄滅。那是接近戰爭末尾的一九四四年，當時名為東惠美子的陳惠美，主動應募了臺灣全島規模的「海外派遣從軍看護婦徵用」。收取合格通知後，她在四月前往臺北士林的「南方要員錬成所」接受訓練，取得看護婦資格。一個月後，與三百位看護婦助手，一起自高雄港出發，途經香港，分發至廣東的第一陸軍病院、第二陸軍病院服勤。

這個俗稱「一陸病院」的單位，正式番號為「南支派遣第八六〇〇部隊」，是日軍在戰

時徵收培正中學校舍而成立，用以醫治華南戰場日軍傷者和病患。服勤於一陸病院的軍醫、從軍看護婦、軍官士兵，共同歷經前線的生死傷痛，戰後雖紛紛復員歸國，但主動組成了戰友會，保持訊息往來。

七十三歲的陳惠美，十分期待這回與戰友在廣島的重聚。其實在一九九六年的岐阜聚會，陳惠美已經感受到老戰友逐漸缺席，不論是病故或體弱無法成行。她自知年紀漸長、體力大不如前，也知道生命終究會有完結，所以她想，如果能夠留下一些紀錄，保存青春歲月的戰時記憶，那應該是好的吧。於是她開始嘗試提筆寫作，記下在廣東一陸病院的生涯點滴，對抗時間帶來的消逝與風化。

「不知道像這樣，身體還能負荷，來到日本與老友們見面的日子還有多少呢？」站在旅館大門的陳惠美，稍稍感覺海風的涼意，遂轉身向宴會廳走去。聚會進行著，眾人聊著身體的病痛，上高中的孫子等等話題，回憶當年陸軍病院的話題反而不多。

「烽火狂猛的戰場，不幸負傷的勇者，瘴癘之地的病人，醫護即為吾者之任務……。」

大概是被酒精催動，聚會中唱起了一陸病院的部隊歌。

「北望白雲山，南面大珠江，唱起軍陣醫療的凱歌，部隊的進行曲……」陳惠美拍著手掌，輕聲地與眾人合唱著。白雲山，大珠江，銀盞坳療養所旁的北江河岸，勤務結束後與大

圖3-1 廣東第一陸軍病院戰友會，第三十四次大會。
來源：陳惠美，《台湾人従軍看護婦追想記：すみれの花が咲いた頃》。

家在河畔洗滌衣物、談天的光景，恍恍惚惚地浮現。

「槍砲聲迴盪在遙遠之地，戰場上蟲鳥亦噤聲無息。吹拂的和風帶著血腥，芳草已被染為鮮紅。」餐桌另一端不知是誰領頭唱起了〈婦人從軍歌〉，「紅十字旗冉冉升起，傷亡的將士們歸返營帳，帳篷中靜靜等待的，是滿懷仁愛的貴婦人們。」

陳惠美記得，第一次學唱〈婦人從軍歌〉，是在士林的「南方要員錬成所」。那時正在接受從軍看護婦助手訓練的她們，清晨七點就準時起床，從淡水河畔的營舍，一路步行到士林郊外的訓練地。島嶼四月的春陽已然熾熱，軍事化的訓練操磨著少女的身軀，以致每晚入睡前，寢室總會傳來暗暗的啜泣。然而疲勞的身體根本無暇安慰他人，沉沉睡去後，醒來又是刺目的天明。她又想，戰爭除了辛苦之外，其他的感覺是什麼？榮譽？恐懼？哀傷？勤奮？或者……？

「赤十字就是她赤誠之心——」眾人的掌聲，中斷了陳惠美的短暫聯想。「乾杯——」她捧起酒杯，淺淺地啜飲著，記憶著。

赤十字就是她赤誠之心

廖淑霞特別在這一天身著整套深藍色的赤十字會看護婦制服、以及綴飾白底赤十字紋的小帽。二〇一五年十一月十四日舉行的「第五屆近代戰爭史研討會」，她神采奕奕與聽眾分享戰時記憶。一同列席的還有戰時的日本陸軍航空兵林才壽、海軍特別志願兵黃金島。[1]這幾年，相關的戰爭座談會漸漸增多，二〇一五年是終戰七十週年，臺灣從南到北有許多的紀念活動，「臺北大空襲七十週年」、「終戰七十週年紀念展」等等。邀約不斷的廖淑霞，只要時間允許，便會全副武裝，攜帶著珍藏的寶貝出席：小學校的畢業證書、戰爭期間的普通渡航證明書、當年赤十字社看護婦的合照、先生楊秋標出征時的千人針……。聽眾都會讚嘆，

1 https://www.youtube.com/watch?v=t9yU51_vY2o

見證歷史，確實需要她這樣能夠抵擋時間的勇健身軀。

一九二七年出生的廖淑霞，就讀臺中幸公學校（今臺中篤行國小）六年級之時，父親在中國經營的木炭事業蒸蒸日上，全家因而移居上海，她也轉學至「上海居留民團立第二北部日本尋常小學校」。五年之後戰爭已轉趨緊迫，十七歲的她剛由女子商業學校畢業，進入「東亞海運株式會社」工作不久，即在熾熱戰火中接受徵召，成為「日本赤十字社」一員，分派至上海陸軍醫院（正式名稱為「中支派遣第一六三二部隊上海兵站醫院」）服務。

> 戰爭時期，女生要報國只有兩種選擇，不是做看護婦，就是當挺身隊。我當時認為當護士很神氣，所以當然選擇當看護婦。

廖淑霞的記憶，大概也是戰爭時期臺灣許多少女的回憶。她們對看護婦工作的想像，多數來自報紙雜誌裡的「白衣天使」。另一位日治時期至戰後，長期從事醫護工作的尹喜妹，一九二九年熱血報考「日本赤十字社臺灣支部醫院附設護士養成所」，也是從雜誌讀到南丁格爾的事蹟，高潔、慈愛、專業的形象，真是女孩們的一種憧憬。

戰時臺灣女性被動員從事看護工作的管道主要有兩個，一是赤十字社系統的救護看護婦，二是日本軍方系統的病院看護婦、看護助手，另外還有短期的衛生班派遣。但對臺灣女性來說，取得護士資格並非易事。尹喜妹考上的護士養成所，訓練的是救護護士，報考資格限定為高等女學校畢業，醫院護士也需要小學校或公學校高等科畢業。即使戰爭初期，赤十字社與軍方招募看護婦，也都有學歷資格限制。

然而到了戰爭末期，戰場救援人力需求大幅增加，必須擴大召集戰場看護婦助手，因此資格開始放鬆、訓練期間也大幅縮短。例如廖淑霞沒有護理學校經歷，也先派至醫院報到，再一步步訓練。許多臺灣的年輕女性就這樣加入從軍看護婦的行列。殘酷的戰爭，難道真是圓夢的機會？

雖然這些選擇，往往也只是無從選擇。

戰時醫者

「お母さん！我合格了！」

一九四四年三月，陳惠美拿著報紙刊登的合格通知，興奮地與母親東惠津子分享。

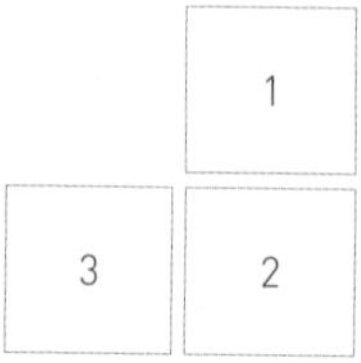

圖3-2

❶ 一隊戴著紅十字臂章的臺籍看護婦助手要去南方戰線赴任，受到熱烈歡送。

❷ 出發前集體合宿於強化愛國精神的國民精神研修所。

❸ 不只要練習包紮繃帶，還要接受基礎軍事訓練。

來源：朝日新聞社編，《南方の據點：臺灣寫真報道》。國立臺灣歷史博物館提供。

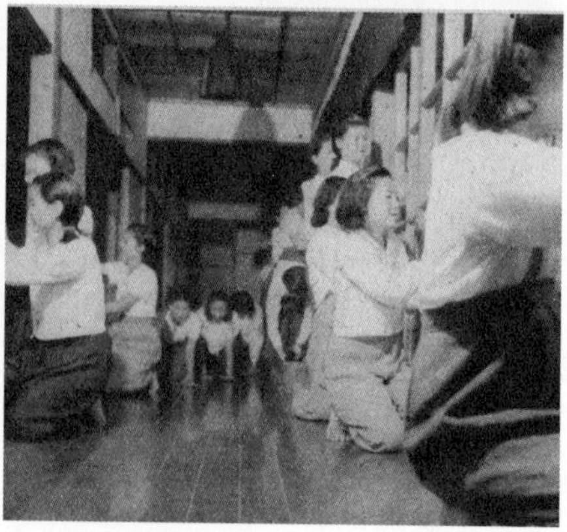

「惠美子，恭喜！從今天起，妳就是真正的大和撫子[2]了。」

陳惠美一家是國語家庭，家人都改日本姓名，母親東惠津子更是模範的愛國婦人。帝國戰事如此激烈，能夠成為從軍看護婦報國奉獻，當然為家中增添榮耀。

圖3-3 陳惠美（中坐者）的同學來慶賀她成為看護婦助手

來源：陳惠美，《台湾人從軍看護婦追想記：すみれの花が咲いた頃》。

戰爭之熱，流淌在島嶼青年男女的體內。

一九四一年六月，日本陸軍省將〈臺灣施行志願兵制之件〉交付閣議，當日通過實施，臺灣總督府也宣布隔年在臺灣實施志願兵制度。為了證明赤忱報國之心與內地人並無二致，臺灣青年男性掀起一股「血書志願」熱潮。像是嘉義溪口的張左庭，用他年輕身軀的熱血揮筆，在白色手帕寫著「我也是強健的日本男子，堅強而有決心，懇請採用」。臺灣年輕女性

2 日本文化中對女性的美稱，「撫子」是淡粉紅色的石竹花。戰爭期間，此一美稱也常用來指為戰爭做出貢獻的女性。

則以「從軍看護婦」為報國的最高榮譽，虎尾郡的少女蔡錦鶴不遜男兒，也用血書寫下「願為天皇效力」的事蹟，報紙熱切以「純情少女的赤誠之心」來報導那種感動。

純白與鮮紅，青春與激情，正如太陽旗，是戰爭的模範配色。

南國清亮的白晝、蒸騰的暑氣，如同幻覺恍惚搖動。戰爭之熱更甚煤火與燃油，帶動他們走向未知的遠方，幾乎沒有人可以預想，素樸的愛國心在日後是如何的勞苦與磨難。

成為從軍看護婦，可以提升專業能力，也是殖民地女性改變弱勢位置的生命契機。這與殖民地的男女社會資源之差異有關。同樣是醫療人員的徵召，社經地位較高的男性醫師，面對戰爭時，又是另一種心態與選擇。

殖民政府策略性的醫療與教育政策，使「醫師」成為臺灣新興的社會領導階層，甚至是反殖民運動的核心。然而醫者癒病療人的專業，自然必須納入戰爭動員體制。國家培育的人才，豈有不為國效忠之理？

一九四一年十二月日軍襲擊珍珠港，太平洋戰爭爆發，日本政府隨即公布〈醫療關係者徵用令〉，以補充戰爭期間的醫療需求。隔年一月，臺灣總督府訂定《施行規則》，規定州知事、廳長可以行政命令徵用醫療人員。凡是醫專或醫大畢業、未滿四十五歲的開業醫師或病院之住院醫師，都在徵召的行列。

但在醫師吳平城的記憶裡，醫者的戰時動員令，反倒是統治者與地方派系清理「壞分子」的工具。

吳平城隸屬的臺南州新豐郡醫師公會，原先決定由年紀最輕的醫師開始徵召。按照這個排序，吳平城名列第五位。吳平城未料因為父親與警察課長、庄長、醫師公會會長交惡，竟遭衛生課編派理由而提早徵召。陳篡地、陳新彬、林伯槐幾名在地方頗有影響力的醫師，因為早就是統治者眼中的「問題人物」，也在這次動員令中提前被徵召了。

戰爭的醫護者，原應獻身為軍隊維持穩定的戰力，但吳平城的冷眼，卻看到醫師少有獻身戰場的熱情，反而是藉由病痛逃避戰爭。醫師公會聯手行政機關，掌握排序徵召的大權，醫師怕被貼上「沒有愛國心」的標籤，任誰也不敢違抗。也因此，原本以醫術排除病痛的醫師，只好主動招徠病痛逃離戰爭。

病痛能使人遠離戰爭而存活，卻更可能埋伏著死亡的危機。與吳平城一同被徵召的鹽水醫師方逸川，在等待任務啟航的日子裡胃潰瘍復發，得以除役歸鄉，不過也有醫生留取病患的膿血注射至自己體內，想要染病以躲過徵召，未料陰錯陽差死於敗血症。

面對戰爭的死亡陰影，病痛竟成救命的唯一手段。應該是身為醫師最諷刺的事吧。

遠方的戰地

一九四四年的五月二十八日，西子灣駛入了二十五艘巨大的輸送船，船上載運著貨物，以及對未來渾然不知之人的命運。陳惠美與其他看護婦助手，原本在港口不遠的兵舍待命，一接收到整裝出發的命令，即刻收拾行囊前往碼頭集合。

出發不久，便深深感受到臺灣海峽風浪劇烈的暈船之苦。但是突然船身一陣急轉，然後是劇烈而深重的晃動。「非常呼集！」聲浪隨即傳來。

原來是船隊遭到魚雷艦的攻擊。陳惠美趕緊穿上救生衣，這是徵募以來與死亡最近的時刻。船身以鋸齒狀的方式行進，緊張地閃躲魚雷。終於數日之後到達香港，這才上岸等待前往廣東一陸病院。

航行是一場生存之戰。魚雷、B29、深水炸彈、潛水艇，隨時的攻擊威脅，飲水與食物的漫長匱乏，臭蟲的咬嚙，潛伏人群之間的疾病。沒有邊際的海面上，不論多麼巨大穩重的船，都是危疑孤單的小舟。彷彿為了將人載運至幽冥之地。

像是吳平城搭乘的運輸船神靖丸。

一九四四年的十二月一日，吳平城經歷兩個多月的等待，神靖丸終於從高雄港出發。

「聽起來好像將要被奉獻在『靖國神社』的犧牲品似的。」

神靖丸這個名字，吳平總覺得不祥。船上一共載運五十九名醫師、三名藥劑師、八十名醫務助手，兩百名工員。再加上載運的米、糖等貨物，船身負荷明顯過重，吃水線已經陷沒水中。

吳平城走上甲板，遠望著不見得能夠再重返的故鄉，身旁其他醫師感嘆地說：

「我們之中到底有幾個幸運兒能再回來看看這故鄉的景色呢。」

聲音在冬日的海風裡散去，他們顯得更為沉默。由於軍事行動的保密原則，船上無人知曉將前往何處。神靖丸的任務是載運貨物，這些醫護人員不過是搭順風船。在戰爭這個宏偉卻脆弱的名號之下，人員與物資，大概差別不大，都是沒有標注目的地的行李罷了。但也因為神靖丸不是醫療船而只是運輸艦，未受戰爭公約的保護，因此這趟遠航的每次停泊與出

圖3-4 吳平城應召出發前與妻子、長子、長女合影

來源：吳平城，《軍醫日記：太平洋戰爭》。

航，都是生死的賭注。

白天的航行，是日復一日難以下嚥的食物：白飯一碗，兩三支菜梗，一小塊帶著異味的白豬肉。冬夜的航行則無比寒冷，吳平城在巨浪搖晃的船艙，一直聽到彷彿就要崩裂的怪異聲響。而他既無毛毯禦寒，還須閃避臭蟲囓咬，只能穿上所有的衣物，狼狽窩在粗製的草蓆上。在這樣的日子，生與死，竟然像是無足輕重的玩笑。

「我已經寫好遺書，土地給妻子，房子給前妻的子女，都已經安排好了。」

「那你死後家庭也不會起糾紛了，真是好安排。」

「聽說你的妻子也已經生了兒子，已經可以傳宗接代，也可以安心見閻王了，哈——」

吳平城看著其他人彼此消遣，已經分不清那些笑鬧是視死如歸、或是放棄掙扎。日後回想這一刻，想起他們的面孔和笑聲俱已深埋冷海，總會感到深沉的無奈與陰寒。

生死輪盤在一九四五年一月十二日轉動了一格。

美軍的敵機在天空盤旋，俯衝向神靖丸投下炸彈。船艙遭受攻擊，瀰漫砲火煙灰，吳平城視線一片迷茫。他爬上甲板，神靖丸巨大的船身即將沉沒，他縱身跳入海中，將近三分鐘

圖3-5 神靖丸（右前）即將沉沒的最後身影

來源：美國國家檔案館（NARA）典藏，曾令毅提供。

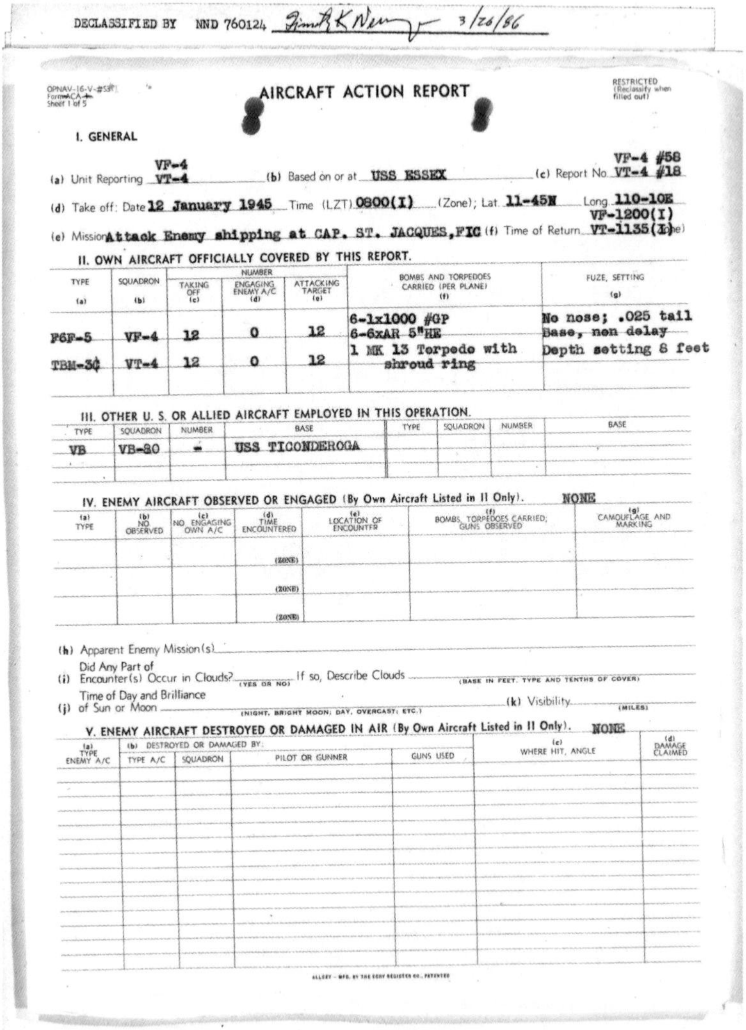

DECLASSIFIED BY NND 760124 [signature] 3/26/86

OPNAV-16-V-#S37
Form ACA-1
Sheet 1 of 5

AIRCRAFT ACTION REPORT

RESTRICTED
(Reclassify when filled out)

I. GENERAL

(a) Unit Reporting VF-4 VT-4 (b) Based on or at USS ESSEX (c) Report No. VF-4 #58 VT-4 #18

(d) Take off: Date 12 January 1945 Time (LZT) 0800(I) (Zone); Lat. 11-45N Long. 110-10E

(e) Mission Attack Enemy shipping at CAP. ST. JACQUES, FIC (f) Time of Return VF-1200(I) VT-1135(I) (Zone)

II. OWN AIRCRAFT OFFICIALLY COVERED BY THIS REPORT.

TYPE (a)	SQUADRON (b)	NUMBER TAKING OFF (c)	NUMBER ENGAGING ENEMY A/C (d)	NUMBER ATTACKING TARGET (e)	BOMBS AND TORPEDOES CARRIED (PER PLANE) (f)	FUZE, SETTING (g)
F6F-5	VF-4	12	0	12	6-1x1000 #GP 6-6xAR 5"HE	No nose; .025 tail Base, non delay
TBM-3C	VT-4	12	0	12	1 MK 13 Torpedo with shroud ring	Depth setting 8 feet

III. OTHER U. S. OR ALLIED AIRCRAFT EMPLOYED IN THIS OPERATION.

TYPE	SQUADRON	NUMBER	BASE	TYPE	SQUADRON	NUMBER	BASE
VB	VB-80	-	USS TICONDEROGA				

IV. ENEMY AIRCRAFT OBSERVED OR ENGAGED (By Own Aircraft Listed in II Only). NONE

(a) TYPE	(b) NO. OBSERVED	(c) NO. ENGAGING OWN A/C	(d) TIME ENCOUNTERED	(e) LOCATION OF ENCOUNTER	(f) BOMBS, TORPEDOES CARRIED; GUNS OBSERVED	(g) CAMOUFLAGE AND MARKING
			(ZONE)			
			(ZONE)			
			(ZONE)			

(h) Apparent Enemy Mission(s)

(i) Did Any Part of Encounter(s) Occur in Clouds? (YES OR NO) If so, Describe Clouds (BASE IN FEET, TYPE AND TENTHS OF COVER)

(j) Time of Day and Brilliance of Sun or Moon (NIGHT, BRIGHT MOON; DAY, OVERCAST; ETC.) (k) Visibility (MILES)

V. ENEMY AIRCRAFT DESTROYED OR DAMAGED IN AIR (By Own Aircraft Listed in II Only). NONE

(a) TYPE ENEMY A/C	(b) DESTROYED OR DAMAGED BY: TYPE A/C	SQUADRON	PILOT OR GUNNER	GUNS USED	(c) WHERE HIT, ANGLE	(d) DAMAGE CLAIMED

圖3-6 美軍空襲報告裡，清楚寫到轟炸目標為一九四五年一月十二日停靠在聖雀岬的「敵艦」。

來源：美國國家檔案館（NARA）典藏，曾令毅提供。

的時間，他才掙脫死亡的漩渦，浮出水面。

海面漂著零落的同伴軀體、油桶，行李、死魚、黑色油汙……。那是地獄之景。美國軍機的波狀攻擊忽上忽下，只要逼近，吳平城便要潛入水中。這樣漂流了一小時，他終於靠近陳篡地醫師等同軍夥伴，眾人合力將貨板、皮箱等漂浮物連捆，一行人繼續於海上漂流幾個小時，終於被路過的漁船救起，踏上越南的聖雀岬（Cape Saint Jacques）港口。

五十九名臺灣醫生，最終剩下十八人活著；三四二個離鄉的臺灣人，只有九十五人由神靖丸的大難倖存。

戰爭之病

「東惠美子、加田清子、大林廣子……以上十三名，分配到傳染病大樓執行勤務。」

管理宿舍的看護婦長，宣布了傳染病大樓的執勤名單，果然引起一陣騷動。女孩們面面相覷，有人甚至哭了起來，應該是因為對於傳染病的驚恐。當時部隊常見的傳染病，主要是傷寒、赤痢、肺結核、腸結核幾種。其實按照嚴格的消毒作業程序，看護婦遭到患者感染的機率並不大。

陳惠美回憶，她們不僅要照護患者，還需時時提防轟炸機的砲襲。轟炸機多在夜間進行低空的燃燒彈轟炸。戰爭後期空襲愈加頻繁，院方為了遮掩護士太過明顯的白衣，甚至將制服染成綠色。白衣天使成了綠衣天使。

在上海陸軍病院擔任內科護士的廖淑霞瞭解，在病痛的卑微與生命的脆弱之前，看護婦身分的潔白想像必須遺忘。她們為行動不便的患者清理排泄物，更要為戰死士兵的屍體消毒，嘴巴，耳朵，肛門塞入棉花，交給其他傷勢稍輕的士兵搬離現場。她們也接受步槍射擊訓練，以便在美軍登陸時可以貢獻決一死戰的武力。

少女陳惠美是來到病院，才初次觸碰死亡的氣息。

生命的氣味在緩緩地蒸發著。在茜紅色有如冷火與暗血的夕陽下，陳惠美從看護婦宿舍走到病房，短短的一段路程，彷彿日夜交界的神魔時刻。遠處傳來的呻吟，格外幽長。宿舍不遠的郊野，暫時充當病死士兵的火葬場。經過軍醫解剖研究的屍體，堆積在褐黑的柴薪之上，澆油燃燒的嗶剝聲，耀目大火晃動的空氣，就是死亡的音響與光影。即使如此陰黯，柴薪仍有功能上的意義。

例如某個冬夜裡，剛剛值完夜班勤務的陳惠美，也曾為了一次熱水澡，與同伴祕密偷取了火葬場的柴薪。死的溫度與生的溫度，在戰爭之中，有時竟為同物所生。

軍醫吳平城在海上沉船之際，就已經看見死神的面孔。

上岸之後，吳平城與其他醫生先暫時分發至西貢。除了零星地協助醫務室的醫療工作，還必須與其他工員分擔基地的勞動勤務。挖掘防空壕，掘水井，建造廁所，都是家常便飯。他們依然是沒有目的地的貨物，在不同的基地之間調動。從西貢，到西貢河下游的卡到來（Cát Lái）水上飛機偵查隊，聖雀岬港，又輾轉至新加坡。這些倖存的軍醫，始終不知道他們徵召的目的地。

吳平城焦急不已，層層探問，才知道海軍司令部以為這些臺灣軍醫在聖雀岬全數陣亡。他們真正成為被遺忘的，失去收件地址的貨物了。

「現在，才真的是死而復生了吧。」

他看著南十字星座的 Delta 星緩緩自南方地平線升起，那不同於故鄉的星空，不斷在提醒，此身如此流離。後來經由駐在新加坡的長渡軍醫長協助，吳平城才分發到西貢的海軍病舍，正式開始為部隊官兵看診。這已經是離開臺灣三個月之後的事了。

戰地的醫療環境又是怎樣的呢？位於新不列顛島拉包爾（Rabaul）醫院的臺灣軍屬，花費數個月時間挖掘防空壕，以躲避美軍密集的轟炸。因為即使醫院屋頂標示了紅色十字，在惡戰期間，並非隔絕戰火的保證，有時反而更像標靶。

戰後餘生的臺灣士兵回想起戰地醫院，盡是死亡的氣味。為了避免劇烈火光引來敵機轟炸，醫院的火葬極其克難，死者太多，燃油缺乏，竟只是象徵性地將屍體的手腕剁下，在岩洞裡以少量的油、椰子殼、乾柴燃燒。醫院的空氣瀰漫著血液、塵土、硝煙的氣味，血水自瀕死士兵半開的唇間緩緩流下，所有行動都與生命崩解的時間賽跑。四周傷兵的呻吟聲此起彼落，看護者在簡陋的病床之間穿行。死亡密集地襲來，宛如林地的野蟻。

野戰的士兵看到體外的傷痛，而吳平城在西貢海軍病舍的經驗，更多是目睹病菌在體內的凌虐。瘧原蟲、登革病毒、結核桿菌、霍亂弧菌、痢疾桿菌、傷寒桿菌、淋病雙球菌、梅毒螺旋體……。

吳平城的病患盡是感染惡疾或性病的士兵。陌生的地方，陌生的身體，人間的食慾與性慾，竟處處都潛伏危機。即使置身生命末梢之地，戰爭威脅卻從未減少，只要空襲警報一響起，醫師與病患全都得躲進防空壕裡，看診和治療都須中斷或草率結束。

醫院裡一直浮動著一股暴戾之氣。B24偶爾來之的直接轟炸固然可怕，但是人心的浮躁不安，彷如病菌一樣感染了整個軍隊，誘發人性最病態扭曲的部分。

衛生兵對待傷病士兵愈來愈凶殘，吳平城簡直無法置信。他記憶猶深的是，一名姓鈴木的二等軍曹，經常會無端叱喝「性病患者集合！」然後染病的士兵就必須像淋雨的犬隻，夾著尾巴排成一列，狼狽承受接連的羞辱。他們一邊伏地挺身，一邊高聲背誦軍人守則。「第一，軍人需盡忠節！」因為羞恥、怯懦而顫抖的聲音，總是招來櫻木棍的堅硬懲罰。哀號與棍擊的聲音此起彼落，醫院如同刑場。

吳平城明白，病菌之前人人平等，吳平城也知道，有慰安所就難免有性病傳散。但是他也看到，性與病的恥辱，竟仍有階級之分。尉官以上的病患，除了接受完善的治療，病情也被保密。

他能為生病的士兵開藥，卻只能沉默目擊歧視與暴力的毒素任意滋長。軍隊結構的扭曲人性，無藥可醫。

終戰的時差

一九四五年的八月六日，美軍在廣島投下原子彈。兩天之後，吳平城才從軍隊中岡田少尉的口中得知消息。

炸彈不過像火柴盒一樣大，就已經讓整個廣島市消失了！

岡田少尉的形容雖然略為誇大，落下的鈾彈名為「小男孩」卻非小如火柴盒。不過它摧毀廣島的巨大威力，確實帶來戰爭的終結。八月十五日，西貢病舍三百名軍方官兵也在中庭聚集，一起聆聽天皇的玉音放送。

或許陸續已接收了戰情不利的情報，他們並沒有晴天霹靂的失落，反而感受到奇異的平靜。吳平城則難以按捺內心的欣喜。自從神靖丸歷劫而四處流徙、一心保全性命，不就是為了此刻？但他並未料到，終戰要歸鄉，又是一段難以計算的煎熬。

玉音放送的平靜只是一時。部隊裡面由於長期緊繃的階級不平等、情緒壓抑，終於迎來難以遏止的騷亂。

八月十五日當天晚餐之後，山本軍醫長突然對吳平城說：「從此，你是中國人了，我們是日本人，以後有機會中國和日本聯合起來打美國吧！」

吳平城還來不及反應，田中大尉便開口斥責山本軍醫長。

軍醫長，您到現在還是執迷不悟，說出這種話來。日本就是有太多人想法和您一樣，想統一全世界，要全世界的人通通講日語、穿和服，才會到今日悽慘的地步呀！

吳平城一方面佩服田中大尉的胸襟與直言，但心中仍不禁想，我已經成為「中國人」了嗎？這場戰爭，還沒有真正結束嗎？即使不可能像山本軍醫長說的，與日本聯合攻打美國，但好不容易保全下來的性命，卻彷彿依舊在海面漂浮，吉凶未卜，沒有地址的行李。

部隊的活動產生不少變化。由於可能成為美軍戰俘，軍醫長甚至印了《國際俘虜公約》要求眾人研讀，冀望以軍醫的身分獲美軍的合理待遇。病舍的互動關係也出現微妙轉變。衛生兵對性病患的暴力舉動急遽減少，或許是擔心成為戰俘後增加不良紀錄吧。

脾氣古怪的鈴木軍曹借酒裝瘋，騷擾在病舍養病的朝鮮慰安婦，迅速遭到制伏並被痛打一頓。被壓住的鈴木對著荻原大尉叫囂，「晚上我一定要拿刀斬下你的頭！」與荻原大尉同寢的吳平城，那天晚上真的擔心暗夜會有誤殺，竟一夜未眠。

與同樣臺灣出身、一起躲過神靖丸大難的醫師胡炳三相比，吳平城的西貢海軍病舍在終戰那一天，還算是和平地帶了。

胡炳三的部隊在玉音放送之後，有人立刻舉槍自盡，有人揮軍刀砍貓狗洩憤，有人號召眾人集體自殺玉碎，酗酒打鬥的事件更是層出不窮……。殺戮的意念漂浮在空氣中，不知是原本就潛伏在人性根處，或是在戰爭中才滋長出來，在這個裂口大量宣洩。

陳惠美所在的廣東銀盞坳療養所，終戰的消息卻遲來了幾天。八月十八日傍晚集合點名之前，才突然聽見「非常集合！非常集合！」的喊聲。

陳惠美先前已從別人嘴巴聽說大日本帝國已經宣布戰爭終結之類的消息，還一度充滿懷疑。畢竟戰爭時期的各種煽動用詞、敵方謠言一直層出不窮。但這幾日，竟未看見任何轟炸機在天空盤旋的影跡，這種「早已停戰」的揣測，似乎又有不小的可能吧。陳惠美這樣想著。

圖3-7 出海後一直與吳平城同甘共苦的胡炳三醫師　來源：吳平城，《軍醫日記：太平洋戰爭》。

內心忐忑卻又強作鎮定的陳惠美前往集合地點。神情凝重的內藤部隊長慢慢走到廣場中央。

美軍已經在廣島與長崎投下原子彈，八月十五日天皇已經決定無條件投降。我與大家一樣驚訝與悲痛，但即使戰爭結束，我等仍然應當抱持著軍人的覺悟，不可尋死。只要還有一個傷病士兵在，我們都必須貫徹我等之任務。完畢。

如常一樣行完敬禮，集合的隊伍原地解散。身體的行動照舊，晚上集合用餐，照護病患，執行例行勤務。但是情緒彷彿與身體分離。陳惠美的心緒恍惚，從來沒有想過戰爭應該怎麼結束，一旦終戰的訊息真的降臨，反而像是幻覺。

北江的風和昨晚一樣徐徐吹來，夏夜星子高懸，似乎沒有什麼不同於昨夜。但夜的靜謐並不長久，隔天的豔陽又蒸騰起來。部隊此起彼落發生騷亂事件。

療養所附近的守備隊，有一個下士直接以步槍自殺了。……

輸送隊也是，好像是用手榴彈，似乎不只一個人死去。……

傳言流轉在人群間，自殺成為一種人生選項。陳惠美的醫療部隊辦了一場酒宴，敗戰當然不值得慶祝，席間全是送別的悲傷。石田上等兵甚至穿上六尺褌，露出半截臀部，一手拿起畚箕，趁著醉意跳起島根縣著名的安來節泥鰍舞。不勝酒力的陳惠美搖步到戶外，與幾名看護婦助手、士兵席地而坐，酒氣還在縈繞。宴會場裡一名士兵猛地高舉酒杯、激動大喊：

我們不敗的大日本帝國，怎麼可能忍受美軍這樣的欺壓與蹂躪！我們是神的帝國！這種事絕對是胡說！如果是真的，我現在就要與大家同歸於盡！

這個狂亂的士兵拿起原先不知藏在何處的手榴彈，動手拉開保險，隨時就要引爆。激越行動旋即壓制下來，但在眾人驚慌的眼裡，「玉碎」、「散華」之類詞藻隱含的哀戚，其實緩緩現形。

「但是，我只想要平平安安地，回到家人身邊啊！」陳惠美這樣想著。

漫長的復員

終戰後的騷亂，也在病院之外蔓延。戰爭期間原本嚴密的國籍、身分、階級，因為鎖頭鬆開，隨之瓦解。

日軍失去西貢的管轄權，原本遭到囚禁的英軍、美軍戰俘，也都釋放出來。越南和宗主國法國的關係向來緊張，西貢此時更處在幾乎無政府狀態，積怨的越南人民也找到報復的縫隙。吳平城甚至聽說，一名平素跋扈的法國人遭越南人綑綁、群毆，然後像豬隻一樣吊上竹竿遊街。

吳平城的醫院也不平靜，謠傳越南人可能要武裝報復攻擊日軍，整個醫院緊張地動員有限的武力進行守備。雖然最終沒有遭受激烈攻擊，但撐過戰爭、保住性命的吳平城，在返鄉前的此刻，竟還得與無冤無仇的越南人民短兵相接，可笑又荒謬。

「復員」意指解除戰爭召集、回歸平民身分。但是軍醫吳平城想從越南回到臺灣，「解除軍醫身分」的意義並不那樣簡單。日軍詢問吳平城與其他軍醫的意願，是要選擇與日軍同進退？或是選擇現地解散退隊？

吳平城等一夥人選擇了退隊。但不久卻接到訊息，英軍禁止任何人從日軍部隊退隊，以避免在越南當地引起不良後果。在行動無法自由選擇的狀況下，吳平城與陳篡地等人決定逃亡。

經西貢臺商方俊明的協助，吳平城與陳篡地躲到西貢北方的小農村避亂。但一個多月之後，英法軍隊與越南獨立同盟會的游擊戰，由西貢市區蔓延至農村，一九四五年九月底吳平城被迫回到市內，尋求其他臺灣商人的接應。

吳平城完全目睹戰後越南的動盪不安、物價飛漲、路有餓殍。游擊戰的烽火夜夜燃燒，印藉英國兵強姦華裔與越南婦女的消息時有所聞，「悲劇似乎在大戰後才慢慢降臨安南。」

陳篡地在十一月竟然染上急性肝炎。此時所能想到救治陳篡地的唯一方法，竟是回頭求助日軍軍醫。人與人的羈絆畢竟沒有因為戰爭而了斷，藉著日本海軍臨時醫院軍醫長提供藥物，陳篡地終究是平安康復了。

以日本國民身分徵召上戰場之時，這些軍醫在神靖丸上，是托運地點不明的行李。戰爭結束之後，他們竟又陷入顛倒的身分困局。流落越南的，不只是這些被遺忘的臺灣人。許多日本人也因敗戰的衝擊而喪失返鄉的動力，僅在西貢地區就有五千名日本士兵脫離部隊，去向不明。也有一些，延續未竟的戰爭之熱，投身越南人民獨立戰爭，為了越南革命而死。還有人藏起日本人的身分，娶妻成家，決意老死異鄉。吳平城在街上一眼就能認出他們，因為這些日本人的眼中總是透露幽微的羞愧。

被遺忘的臺灣人，希望被遺忘的日本人，也都是被戰爭所擺弄的人吧。

流落越南八個月之後，在四月二十六日，吳平城終於搭上了回臺的船隻，一艘千噸級的

圖3-8 陳篡地，攝於一九四六年。
來源：Wikimedia Commons

日本海軍水雷布設艇。六天五夜的航行，平靜的風浪，日光與波光優雅變幻的光澤，與他來時的地獄之海，全然不同。

終戰之後，人事全非。陳惠美移到珠江的花地集中營，這裡為她帶來更多的徬徨與辛酸。雖說是集中營，不過是利用部隊營舍的倉庫素地，鋪上枯草充數的臨時建築。廁所就是臨時掘出的細長土溝，洗澡只能用水壺或飯盒去裝一些珠江的河水克難擦洗。物質環境雖然艱難，還可以忍受，心裡的幽恨，才是命運的難關。

不好了！大林宏子好像是吞下了昇汞錠要自殺！

突然傳來這樣的驚呼，眾人紛紛聚向大林宏子的身旁查看。

我不要當回中國人！我要死就要以日本人的身分死去！

一名護士不知從哪裡找來雞蛋，把蛋清灌進大林宏子口中，企圖稀釋藥物毒性。然而為時已晚，吐出大量深紅血液之後，大林宏子就停止呼吸。圍觀的其他人恐怕還來不及思考，為了上一個國家死去，是不是值得。

但陳惠美知道，為了活下去，她必須進入下一個國家。十一月五日開始，同樣的花地集中營，陳惠美開始接受國民政府的軍事訓練，胸前別上了「第二方面軍臺籍官兵訓練所女子大隊第二中隊陳惠美」的名牌，廣場升起青天白日滿地紅的旗幟，教官混雜著廣東話與北京話進行精神訓話。她學習新的國歌，學習所謂的三民主義。才幾個月，她在原地不動，卻轉身成為新的國家的醫療人力，協助廣州市衛生局為民眾預防接種。

日復一日，她被遺忘在花地集中營。秋天過去，冬天過去，春天過去。一九四六年五月，終於她穿著破損的配給服，饑餓的身體殘餘珠江的水分，乘船離開廣東，平安回到臺灣。

為了「留存下來」的戰爭

戰爭之熱，戰爭之病，隨著戰爭一起終結了嗎？

擁有救人技能的醫療者，最後療救了誰？在他們的照護下，自傷病險境康復的人，確實不少。然而在漫長的戰時及終戰過渡期間，在他們眼前亡逝的人，同樣不計其數。一些靈魂或仍驚懼地漂流在聖雀岬，重複著轟炸與沉默的惡夢；另一些則難忍戰爭敗亡的衝擊，成了帝國幻夢的犧牲品。這些醫者與看護婦擁有同樣的肉身，也有一樣的病痛，一樣的高熱與冷顫——而是誰療救了他們？

或許必須自己療救自己。

陳惠美提筆寫下她記憶中的堇花寮、銀盞坳、花地集中營，完成《台湾人従軍看護婦追想記：すみれの花が咲いた頃》（臺灣人從軍看護婦回憶錄：堇花盛開之時）。戰爭的土壤開出了堇花的青春色澤。那花一般的少女時代，奉獻於戰爭之後，不只留下痛苦與追悔，也留下了少女未完成的愛戀、戰爭的熱切與虛妄、戰友之間跨越時空的繫結。年老之後，堇花重新盛開，為戰爭的病痛換上另一種深刻的色澤。

與陳惠美同年的廖淑霞，選擇另一種方式記憶戰爭、回應戰爭。她在六十六歲那年（一九九三年），加入了「中華臺籍原日本軍人軍屬暨遺族協會」，投身抗議日本政府、追討戰爭賠償的行列。青春時期的奉獻，豈能變成一紙翻臉不認帳的戰爭債券？她以日文寫下〈含淚的聲明〉、〈血的抗議〉，以一己肉身對抗巨大的日本國，祈禱戰爭的苦難不再重演。她的身體，她的衣裝，以及戰爭期間留存下來的記憶之物，帶著人們回到歷史的現場，不願屈服，不願遺忘。

吳平城留下一冊《軍醫日記》。他的日記與他的自身，同樣是倖存者，也是祭悼者。在南方的地獄之海漂浮、流轉，活著回來，收納了逝去的事物。

這本放在衣袋的小冊子，陪我在洶湧的西貢海，度過了美軍的轟炸，又泡了一整天的機油與海水，早已破爛，然睹物生情，惡夢依舊，彷彿仍可嗅出當時瘋狂的硝煙與鹹溼的海水。

戰爭的復員與復原，從來不是容易的事。戰爭存活下來的人，或許不願提起，又或許終其一生都須自我療癒，從戰場跟隨而來的記憶之病。堇花，紅十字，南十字星，在他們的時間中反覆綻放，運轉，遮掩又復升起。

病與死，自戰爭中留存，又留存了戰爭。

參考書目：

吳平城（一九八九）《軍醫日記：太平洋戰爭》。臺北：自立晚報。

吳欣樺（二〇一三）《硝煙與白衣：日治末期的臺灣從軍看護婦》。臺北：國立政治大學臺灣史研究所碩士論文。

李展平等（二〇〇五）《烽火歲月：臺灣人的戰時經驗》。南投：國史館臺灣文獻館。

周婉窈（一九九五）〈日本在臺軍事動員與臺灣人的海外參戰經驗：一九三七—一九四五〉，《臺灣史研究》二卷一期，頁八五—一二五。

近藤正己著、林詩庭譯（二〇一四）《總力戰與臺灣：日本殖民地的崩潰（上）》。臺北：國立臺灣大學出版中心。

陳君愷（一九九二）《日治時期臺灣醫生社會地位之研究》。臺北：國立臺灣師範大學歷史研究所碩士論文。

陳惠美（二〇〇一）《台湾人従軍看護婦追想記：すみれの花が咲いた頃》。東京：展転社。

游鑑明（一九九四）《走過兩個時代的臺灣職業婦女訪問紀錄》。臺北：中央研究院近代史研究所。

廖淑霞、林才壽、黃金島，「第五屆臺灣近代戰爭史學術研討會座談」：https://www.youtube.com/watch?v=t9yU51_vY2o。

鍾逸人（二〇一四）《此心不沉：陳篡地與二戰末期臺灣人醫生》。臺北：玉山社。

第二部
後方

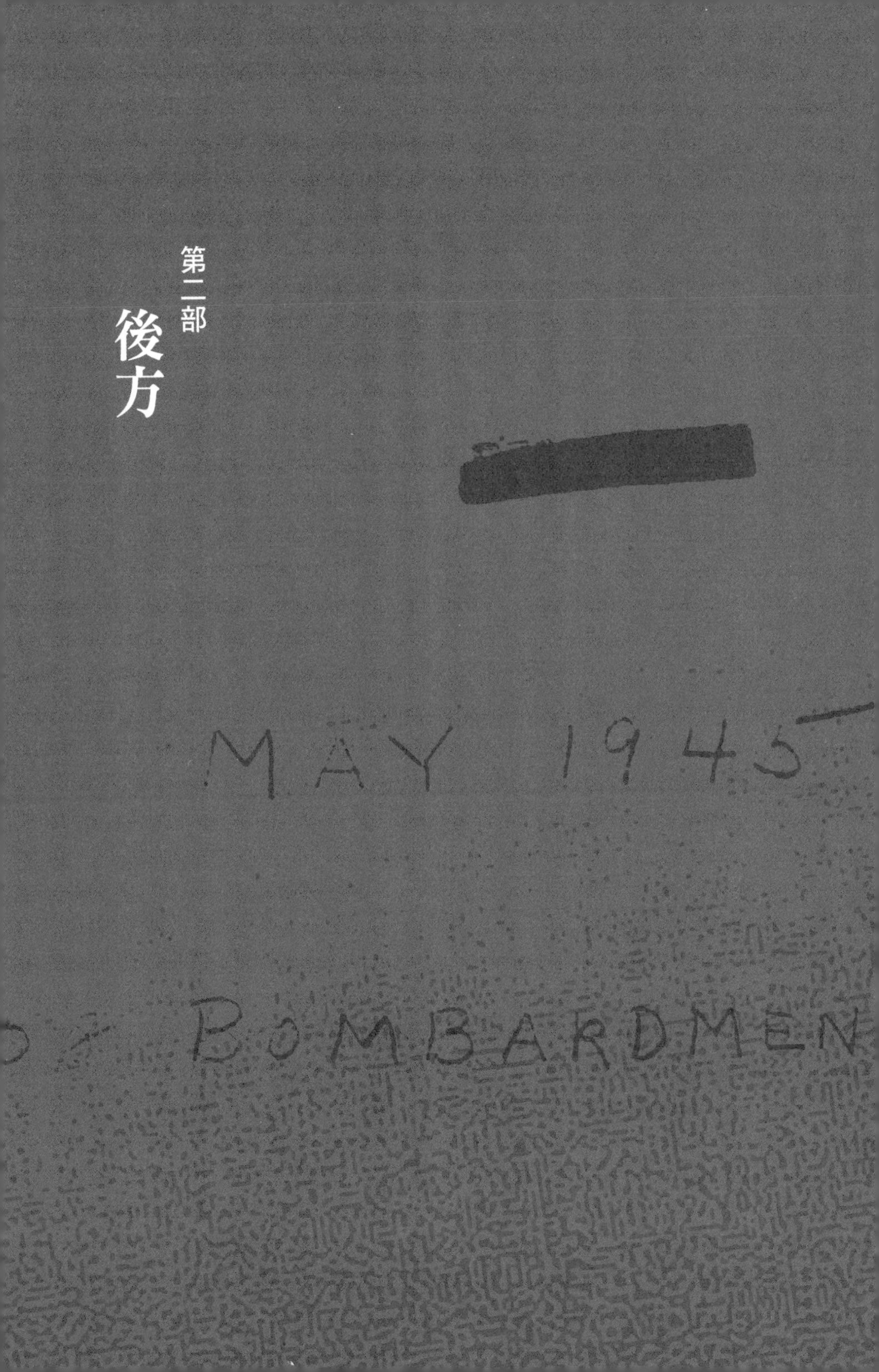

第四章　消息的第一線：記者的故事

楊美紅

現在的青年很明顯有了精神上的改變，我們不留神的話會被稱為是舊體制的人啊。時代的變換如此激烈。無論如何，我們是活在人類有史以來最壯大的一個時代，這是沒有錯的。這正是偉大的遭遇。

——龍瑛宗，〈死於南方〉，《臺灣時報》二七三號，一九四二年九月五日

楊千鶴的南方憂傷

一九四一年初夏，楊千鶴進入《臺灣日日新報》工作，成為臺灣第一位女記者。這一年她二十歲，自臺北女子高等學校畢業，是接受皇民化教育成長的一代。

當她的同學都在準備婚戀嫁人時，楊千鶴展現她摩登現代新女性的心態，毅然進入臺灣最大的官方報社，當起文化版記者。

多年後她在自傳《人生的三稜鏡》裡，回憶戰時的報社生活，摻雜著青春愛戀的苦澀。

「我入報社前所提出的唯一要求是，待遇絕對要與日本人相同。」

她滿懷理想而來，想用文字證明臺灣人、證明女性的能力。報社上司是著名文學家西川滿，果然給了楊千鶴很好待遇，雖然難免遭到內地人同事的排擠。

儘管這時軸心國已經攻向蘇聯、大戰已經開打，但是臺灣本島似乎聞不到煙硝的氣味，即使記者亦然。一九四一年九月二十一日，剛踏上記者生涯的楊千鶴，在意的是百餘年罕見一次的日全蝕。她與剛認識的日本籍男同事N，相約在大稻埕的山水亭吃午飯，慶祝楊千鶴農曆二十歲生日，再一起到淡水河邊觀覽奇景。

太陽消失了。用準備好的黑玻璃一看，光暈有著莊嚴之美。太陽光再現了，這是歷史難得的明暗瞬間。他們都沒有意識到，人生的日全蝕很快也要出現。

過幾天，楊千鶴收到N的電話，「現在，我在臺北車站，請馬上過來好嗎？」

楊千鶴不明所以，匆忙飛奔前往。見面就問，「發生什麼事？要去哪裡？」N平淡地說，馬上就要坐上南下的火車，沒有時間向妳說明詳情，有一件事想請託：

我暫時要離開臺灣，所以麻煩妳幫我寄『羊羹』給我家，好嗎？

N因何離開？何須如此匆忙？目的地是何方？楊千鶴充滿疑惑，卻無法從N的口中得到答案。她面對N匆忙之際的牽掛，回答說：

「羊羹」一定會寄的，無論如何請你多保重。

隔天才從報社耳語知道，N被報社派遣出差。N的派遣來得臨時而突然。這是太平洋戰爭前夕，即便身處消息靈通的報社，即便身為外派戰地進行特別報導的記者，軍事行動都是機密。

因應大東亞戰爭而來的文學動員，早已開始。

日本人「筆部隊」在一九三八年之後就陸續派駐中國，前往戰地化為戰士，禮讚日本的作戰，英雄化日本的軍人。一九四〇年再成立「大政翼贊會」，在內地和殖民地大力鼓吹「文學報國」，多個文藝團體集結的「日本文藝中央會」，網羅了菊池寬、佐藤春夫、武者小路篤實、吉川英治等文壇活躍分子，成為了「徵用作家」。

隨著戰線拉長，一九四一年又組「軍宣傳部隊」，文學家紛紛派往馬來亞、菲律賓、緬甸、爪哇，進行戰地報導，也協力南方戰線。

原本是讀書寫字的人，一波接一波，隨著軍隊前往戰場，透過文字歌頌皇軍。楊千鶴事後才知道，N也是其中之一。

N突然出差而不能講出目的地，原來他是要去搭乘前往馬尼拉接回當地日本僑民的船，為了做專輯特別報導僑民情形之目的。好不容易才解開了謎底，我貪婪地閱讀連日喧騰報面的消息。知道他平安無事令人全身迸出喜悅。

楊千鶴的渴望沒有回音，兩人的情愫終究不敵時空的距離。再其後，楊千鶴聽說N志願去當「從軍記者」到了佛印[1]。「不知他活過那場戰爭而平安地回來了嗎？現在，在日本的何處呢？」

楊千鶴對人的關懷，更甚於國家與戰爭，提筆為文漸成負擔：「叫記者寫的都是關於皇民奉公會運動或激勵民心的採訪紀事，想到要寫那些八股文章便讓人心情沉重。」新任的總

---

1 法屬印度支那，日文漢字稱法國為「佛蘭西」，故稱佛印，包括今越南、寮國、柬埔寨等地。

編輯不斷提出充滿軍國色彩的編採方案，楊千鶴專長的文化版則要縮減、裁員。

我對皇民化運動的無聊枯燥記事已感噁心，又因為N回日本之後，在那彷彿熄了火的報社裡，已無使我燃起工作下去的意念。

楊千鶴不留戀，辭掉不到一年的記者工作。不過因為文采頗獲《文藝臺灣》、《臺灣文學》、《民俗臺灣》等雜誌編輯的賞識，從應邀撰稿而開始創作，轉身步上文壇。

這幾份刊物都創立於一九四〇年代最初兩年。先是西川滿主導、日本人為主的《文藝臺灣》創立，而後是張文環主編、以臺灣人作家居多的《臺灣文學》面世，再來還有集結臺日作家的《民俗臺灣》，池田敏雄的編輯風格是增闢描寫臺灣風俗的隨筆短文，並邀請立石鐵臣繪製在地風情的版畫，風格活潑、更近生活。

楊千鶴在一九四二年七月於《臺灣文學》發表自傳色彩的小說〈花咲く季節〉（花開時節）。小說女主角惠英有一段短暫的記者生涯，也曾經是熱愛新聞工作、也是大約半景就感到無法繼續。

「辭職的直接動機是什麼？」

二哥在我上班以後，才知道我有了工作，當時也沒說些什麼。這次回到臺北，得知我無緣無故辭掉工作而感到詫異，故有此一問。

「我因為覺得自己好像快迷失了。」

惠英的迷失，似乎也是楊千鶴的迷失。她強烈自覺到臺灣女性仍跳不出舊體制，即使走出閨房進到學校，卻也只能接受畢業就嫁人的「新娘教育」。而自己呢？即使是走進職場的新女性了，但是在戰爭期間卻也是找不到人生價值。藉由小說創作，楊千鶴才終於體會自身價值所在：

我寫的東西是只有年輕女性才寫得出來的心理吐露，有柔軟的氣氛，在索漠的戰時中可令人心神得到休息，是因此而成了稀有價值吧？

創作有超脫現實的價值，小說有驅散戰亂的效用，她希望回返過去那個她準備好要迎向未來的日常生活。

只是未料，離開報社之後，她快速走入婚姻，陷入苦惱的婆媳關係，更加未料，戰爭的砲彈，把她準備迎向的中產階級文明炸到體無完膚。

葉榮鐘的戰地寂寞

一九四二年，林獻堂最親近的祕書、活躍臺灣文壇的葉榮鐘，此時身分是《興南新聞》臺中支局長。這家報社是由《臺灣新民報》改制而來，但立場已受到官方箝制，言論批判力大不如昔。九月二十七日這一天，他帶著小孩到臺中市區觀看日軍由菲律賓押解而來的美國戰俘：

> 比島之「米國捕虜」入中，天未曉，大道上絡繹不絕，人聲囂然，驚醒貫兒。五時半率貫兒往觀，驛頭廣場至南臺中大路上早已擁擠不開，真有傾街動巷之概，久候不至甚覺厭倦。至七時許始見蓬頭垢面衣服不全之捕虜被帶劍之兵士押解，在人海中通過⋯⋯。

這群美國人在太平洋戰場上被敵軍和命運俘虜，輾轉由菲律賓來到臺灣，圍觀的葉榮鐘也將在三個多月後受同一場戰爭影響，被迫接受日軍徵用前往馬尼拉，擔任《大阪每日新聞》特派員及馬尼拉新聞社《華僑日報》編輯次長，身兼二職在當地工作了一年多。他的弟弟亦捲入慘烈戰火中，徵調去遙遠的索羅門群島（位於澳洲東北方），身陷毒蛇猛獸橫行的沼澤叢林，哀哀求生。

故事要從日本軍隊一九四二年開始進攻美國殖民地菲律賓說起。日本一月二日占領菲律賓馬尼拉之後，軍方委由《大阪每日新聞》派員經營當地的新聞。《大阪每日新聞》隨即在馬尼拉成立「馬尼拉新聞社」，發行日文、英文、菲文三種報刊，還想創立華文報紙，於是找上臺灣人唯一自主辦報的《臺灣新民報》尋求支援。《大阪每日新聞》與《臺灣新民報》有什麼淵源？何以找上門來？原來林獻堂等人在一九三一年計劃要將《臺灣新民報》週刊轉型為日刊之際，就是透過在《大阪每日新聞》任職的吳三連牽線，由大阪每日新聞社指導裝置輪轉印刷機、操作鑄字機、排列鉛字架等。所以當《大阪每日新聞》開口要求協助在馬尼拉創刊《華僑日報》，葉榮鐘的名字就此浮現。

> 經與灌老（按：林獻堂）、老羅（按：羅萬俥）斟酌的結果，大家同意請你到馬尼拉去幫忙。而且現在社中漢文日文都拿得起的，除你以外更無第二人，所以這次非老弟勉任其難不可。

葉榮鐘萬萬沒想到人生會有馬尼拉這一段。報社總經理兼主筆林呈祿積極勸進，強調葉榮鐘的才華、期盼為報社著想。然而，要在戰時遠離親人又談何容易，葉榮鐘百般不願，「一直推辭到最後無辭可託時，仍是藉詞拖延，盡量躲賴。」一九四三年二月，臺灣軍司令部來了一封電報，說已安排機位，催促葉榮鐘赴菲。

「不願意去也非去不可了！」葉榮鐘只好打包赴菲，原本安排的二月十日東京出發的「社機」卻苦等不來，最後甚至搭著軍機匆忙飛去。

臨時徵調前往南方的記者，離鄉背井的心情甚是苦悶，但畢竟不是戰場前線，報社雖然事務忙碌，他也力圖生活安穩。

馬尼拉。三月。葉榮鐘寫給好友莊垂勝的信裡，抱怨著物價漲勢凶猛：

當地物價日貴一日，貨物亦日少一日。將來必至如上海，一物非以十百圓起碼不可得

圖4-1 葉榮鐘，攝於任職《臺灣新民報》時期。

來源：葉榮鐘家屬捐贈，國立清華大學圖書館典藏。

也。……比戰前皆貴五倍至十倍矣。……此間物價最凶者莫如布類與雪文（按：肥皂）、菸草之類。

戰場黑市，物資交換中心，叨叨絮絮錙銖必較已是必須，沒什麼比生活的苦難更為實際，更能表現戰地資源與人心之耗費與衰竭。物資通膨、黑市交易，故鄉臺灣亦如是。

轉眼進入六月，馬尼拉有雨。

此地雨季將到，夜來時有驟雨忽涼，令人心身為之一快。戰後豹酒（按：泊來酒）價昂。威斯幾每瓶非五、七十比不能入手。……公餘回寓，於疲倦無聊之際常思獨酌無已，乃購得土製五加皮，每小瓶一比八十仙，用以騙嘴也。……

獨身赴任的記者面對戰地異域，僅能藉酒獨酌以消解精神苦悶。他不再寫日記，卻盼望遠從臺灣而來的信。

圖4-2 一九四三至一九四四年間，攝於菲律賓馬尼拉。

來源：葉榮鐘家屬捐贈，國立清華大學圖書館典藏。

「吾兄書已接到，微嫌篇幅短少，未足饜我欲望也。」諸此種種寂寞，流露在字眼行間，戰火正熾，或勝或敗皆無謂，唯人心寂寥。新聞版面上的文字如陌生之地獄，場面喧囂且空無，而撫慰人心的家書，倉促寫就，怎麼也看不夠。

葉榮鐘弟弟葉金坤也跟他一樣被徵用。只是，葉金坤搭乘的運輸輪停泊在馬尼拉港外時，葉榮鐘雖已在馬尼拉新聞社工作，但同在馬尼拉的兩人，緣慳一面，竟是一輩子的憾事。

葉金坤遠赴澳洲東北方的瓜達康納爾島（Guadalcanal），美日兩軍的浴血激戰場。美軍一九四二年八月七日猛攻瓜達康納爾島，激烈的叢林交戰，日軍補給線切斷，饑餓與死亡讓瓜島成餓島，日軍此役傷亡極大。這一役失利，是日本繼中途島戰役之後，在太平洋戰場的再次重大挫敗。

孤島逢難，葉金坤不幸病歿於島上森林。葉榮鐘想起那次南方海港的錯過，「至今思之猶有餘恨」。

戰爭，使殖民地臺灣緊緊鏈結母國日本，成為犧牲的共同體。葉榮鐘的憾恨，是臺灣家庭面臨骨肉離散最恆常的悲嘆。生死難測，戰亂無常。

儘管日本戰事已居劣勢，然而新聞媒體做為國家宣傳戰機器，真實戰況必須精心處理，報喜不能報憂。例如，日軍聯合艦隊總司令山本五十六死於一九四三年四月十八日，消息始終對外封鎖。日本當局拖到五月二十一日才公布他的死訊，朝野震撼，林獻堂也說，「聞之頗為愕然」。

令人愕然的事情不斷發生，新聞持續封鎖。美軍在太平洋戰場的反擊一路勢如破竹。一九四三年五月底，日軍在阿留申群島陸續慘遭美軍痛擊，然而日本的新聞仍在報導日軍一九四二年底瓜達康納爾島戰役擊沉美軍航母艦、巡洋艦的事蹟，彷彿勝利就在不遠處。報喜不報憂的宣傳戰，為日本軍民構築一道堅強的心理防線。林獻堂一九四三年十一月十一日日記，寫著：「連日報道ソロボ〔モ〕ン之戰爭（此即後世稱為瓜達康納爾島攻防戰一役，日本企圖守住建有機場的瓜達康納爾島，但日軍戰敗），擊沉米國（美國）之航母艦、巡洋艦、驅逐艦十數隻，飛機數十臺，若然米國之敗，當在不遠矣。」堅實的戰爭之中，是茫然的記者；虛幻的新聞之下，是蒙蔽的人心。

紙上拚戰事

戰爭的宣傳機器，需要動員大量的人力，日本本島、派遣海外都需要，臺灣內部的新聞事業也在積極補充新手。

圖4-3 日軍運輸艦在瓜達康納爾島戰役中毀損，擱淺島嶼北方海岸。 來源：澳洲戰爭紀念博物館，檢索碼303495。

一九三七年，爆發盧溝橋事變，日本全面入侵中國領土。

一九三七年，「皇民化」或「皇民化運動」之名開始在臺灣流行起來。

一九三七年，何春木十六歲，到臺中臺灣新聞社擔任雜役。他雖家境不好，僅受過公學校的教育，卻奮發向上，期待有日能夠成為正式人員。

報社裡有他最憧憬的記者、編輯，也有一間圖書館，日本內地的《讀賣新聞》、《朝日新聞》從基隆港上岸就會立刻寄來。熱中時事、滿懷記者夢的何春木，經常跑去聽臺灣地方自治聯盟的講座，臺上的林獻堂、楊肇嘉，用臺語激烈批評日本政府，情緒難免慷慨激昂，讓他聽得入迷，多次忘了上班時間。

隨著戰事擴大，日籍記者、編輯相繼受徵召入伍，報社需要補充人力。何春木機會來到，考進臺灣新聞社成為記者，一償宿願。

記者做些什麼？新聞如何運作？何春木在晚年回憶錄裡，詳細記錄記者在戰時資源有限的生產線上如何產製新聞。

報社新人的第一份工作是內勤的校對。文字基本功，就從挑出錯誤開始。何春木必須針對排版完成的文章校稿，另外還有一個比較接近新聞現場的兼職工作：速記。

「速記是以簡單的符號記錄下繁複的文字，是當時記者必備的知識與技能。」在沒有電腦網路、數位相機的年代，外勤記者中午前會將採訪文稿、照片送上汽車、火車，傳回報社編輯。但下午採訪的新聞呢？記者就以電話報稿。值班內勤接到電話先行速記再轉文稿，才能趕上報紙出刊。因此每到下午三點，何春木就會戴上耳機守著電話機，記下各地回報的新聞。

一九三九年《臺灣新聞》仍維持朝刊（早報）及夕刊（晚報）形式。朝刊有兩大張八個版面；夕刊則是一大張四個版面，加起來共十二個版面。編輯臺的工作，需要處理十個版面的新聞。

後來愈來愈多記者受徵召上戰地，供稿量急速下滑。為免開天窗，編輯只能剪下《朝日新聞》、《讀賣新聞》及日文雜誌的報導，自己下個標題，交給排版工人，送到印刷機。

儘管拿「剪刀」和「漿糊」充當記者，稿源還是不足。「聽到什麼就寫什麼」，即使道聽塗說，何春木也必須快筆寫就，如期填滿版面。只是，報社不只缺人力、缺稿源，也缺經費。最後，連薪水也發不出來。再怎麼有理想的少年何春木，也只好跳槽到《高雄新報》。

一九四〇年，日本皇軍連戰皆捷的勝利喜悅持續上升。何春木走在路上，聽著〈臺灣軍の歌〉、〈軍艦行進曲〉等軍歌，看著遊行隊伍歡欣走過。一年後，山本五十六領導的日本海軍奇襲美國珍珠港，高雄岡山飛行場成了「南進基地」。日本皇軍席捲香港、菲律賓、法屬安南（今越南）、馬來亞（今馬來西亞）及新加坡，占領蘭領東印度（今印尼）。

日本喊出：「亞洲是亞洲人的亞洲」。皇軍的氣勢達到高點。一九四三年一月，皇民奉公運動以「新國民運動」態勢提出三大目標：戰爭精神之昂揚、生產增強之決行、戰時生活之確立。

但畢竟空洞的精神標語，不能取代空襲、爆擊、防空的殘酷實境。一九四三年底開始，麥克阿瑟以「跳島戰術」反擊，連克太平洋的日軍基地島嶼。日軍節節敗退，塞班島戰役（Battle of Saipan）尤其損失慘重。

這時戰事雖然還在遠方，但是沉重氣氛日漸感染臺灣。各行各業的慘澹已經有感，報社的經營隨之困難，而臺灣總督府為嚴控言論，更下令六社統合。既有的《臺灣日日新報》、《興南新聞》、《臺灣新聞》、《臺灣日報》、《高雄新報》、《東臺灣新報》，全部整併成為《臺灣新報》，一九四四年四月一日開始發行。

何春木時年二十三歲，在這波六社新聞統合之後，他成為《臺灣新報》中部支社編輯，名為編輯，實則一人身兼編輯、校對、速記等工作，忙得喘不過氣。

總力生產。醜敵擊滅。皇民鍊成。一死君國。

多麼響亮的字眼，像是困厄現實的救贖。只是，隱藏在背後的南方敗局，隻字不提。由於物資銳減，紙張數量一再減少，早報從原本的十大版縮為六大版，到最後竟只剩四版，而夕報更是僅剩半張兩大版。報社內的青年不時有人被徵召，到南洋去當軍屬。數十年後何春木回想起戰時歲月，還會怪罪戰爭破壞了性別平衡的家庭幸福哩。

到了一九四四年時，年輕的男性大都被徵召光了，不少女孩子都找不到適合的對象結婚，因此留在臺灣的年輕男性就十分搶手，媒人時常來家中走動。

說是「徵召光了」或許誇張，然而紅男綠女的人生圖像、宗祧家族的傳宗接代，都因戰爭而打亂，整個時代應該都很焦急不安。

不只報社言論管控，其他諸如國語運動、寺廟整理、正廳改善、成立皇民奉公會……，臺灣的人力物力都納入日本軍事體制。物資統制愈見緊迫，配給食物不足，一天一天衝擊平民百姓的日常生活。黑市的價格節節上升，農民藏起生產的糧食，不讓政府收購。即使總督府派出經濟警察取締，但亂世人心冒險圖利，黑市盛況仍難抑止。

可是市井人家，還是必須吃飯。何春木在鐵路局工作的父親苦惱食指浩繁，只能一邊找到黑市偷買生活物資，一邊擔心警察逮捕，所以白天買到的東西要藏進鐵路的工程車，等到天色暗黑再拿回家。臺灣人也開始把曬乾的番薯簽摻入米飯填充分量，到了戰爭末期，「連煮青菜所剩的菜湯也拿來喝」。

戰爭期間的饑餓，是「軍部優先」、「一切為聖戰」的口號裡，臺灣人揮之不去的集體記憶。

疏開到鄉間

一九四四年十月十二日美國艦載機初次空襲臺北。

「要逃去哪裡呢？」住在大橋頭附近的楊千鶴，抱著女兒隨著丈夫從三樓摸黑奔下樓梯躲避空襲，匆匆和一堆人群擠入避難室，混亂中，顫抖的身體聽著刺耳的砲彈炸裂聲。

臺北橋是這回的轟炸目標之一。美軍飛嘯的軍機、地面散落的爆彈，日軍從三重埔高射砲隊反擊的高射砲聲，空襲目標雖未準確擊中，市井小民卻是驚心動魄，毀滅的恐懼如影隨形。

空襲後的臺北街頭，交通陷入僵死狀態，四處都是倖存者恍惚喧噪地奔走，如在地獄漫步。楊千鶴帶著女兒從大橋頭徒步走回南門附近的娘家。從那天開始，警戒警報、空襲警報再也沒有停止過。

起初，大家為了方便逃難，就將草蓆鋪在一樓席地睡覺，然而警報一久、氣氛緊繃，大人帶著小孩連夜趕往新店的大坪林、七張等疏散地。當夜晚來臨，恐懼才開始甦醒。敵機來襲，警報大作，人們無法得到片刻休息，只能離開床鋪走出門，連夜逃難。楊千鶴事後多年回想，摸黑走在警報大響的城內城外，其實更是危險啊。但是當時的身心疲憊、精神崩潰，還能如何。

「這樣下去身體會受不了，我覺得已該考慮做長期疏散的地步了。」

楊千鶴租到私營鐵路新店線終點的站員宿舍，避難於此。只是冬日多雨，鄉下泥地的房間相當潮溼，屋內沒有自來水，井水要走到遠處，公共廁所在屋外，處處寒酸克難。不久，楊千鶴的丈夫與叔父合資的塑膠工廠，也因為在戰時無法維持而關閉了。

叔父隨即又在臺中開設供應軍需的乾燥蔬菜工廠。「也許非去臺中不可。」為了工作以及安穩的日子，全家決定搬到臺中展開新生活。

在空襲愈演愈烈的戰爭末期，從都市疏散到鄉間，是多數臺灣人的選擇。住在臺南佳里鎮上的醫生吳新榮，一九四五年一月十一日在日記裡寫下幾句：

> 敵軍已登陸菲律賓呂宋島，占領了雷特島和民答那峨兩大島。……想到萬一臺灣成為第二個菲律賓的話，實在有夠悲壯，所以今天又督勵藥局生在防空壕頂蓋上再加厚土層。

戰爭末期，日軍在南太平洋的發展已現頹勢，菲律賓遭美軍奪回，臺灣也遭頻繁空襲。臺灣已經有人開始不安，擔心步上其他南太平洋島嶼的命運而遭占領。而拚命躲空襲的人們只能築起厚實的防空壕。

> 今天晚報的報導，美軍已突圍攻入馬尼拉市一角。如果馬尼拉陷落，就可知菲律賓之命運。菲律賓被奪取的話，就可知臺灣的命運。想到此，就令人心痛。

全島大空襲從一九四五年一月開始。吳新榮目睹佳里的糖廠遭逢機槍掃射、燒夷彈落下。戰爭強烈擠壓到生活，憂心清點家用：倉庫的糖、米、粉、油、鹽、醬還有兩、三個月的備糧，禽舍有雞十二隻、蓄鴨二隻、兔三隻。仔仔細細清點糧食，彷彿在末日邊緣，惶然不知終日。他還計劃整建避難用的防空壕，詳細設計了工序與進程，並在物資缺乏期間意外拿到木材、鐵、石灰、磚塊、穀殼、竹等建材。

一九四五年三月一日，臺南府城大空襲。吳新榮隔天在距離三十公里的佳里小鎮，「一直到昨夜從遠方還可以看到直冒的黑煙」，聽消息說臺南市西半部人口密集地區遭受全面性破壞，感嘆不已：

> 對這城市進行的盲目轟炸帶來什麼意義呢？我們

圖4-4 臺南醫師吳新榮等在重新開業的佳里醫院前
來源：Wikimedia Commons

圖4-5 一九四五年五月六日，美軍空襲麻豆畫面。
來源：甘記豪提供，另可見氏著《米機襲來》。

可想而知：無慈悲的殺生，無意義的犧牲，這就是戰爭之所以成為戰爭之故。我們必須面對的慘劇，已在我們眼前展開了。

他擔憂住所會遭到臺南、高雄相同的大轟炸，即使躲在防空壕內，也提心吊膽。他移到防空壕的設備頗為可觀。不僅帽子、領帶、皮鞋、照相機、電扇、顯微鏡、鍋、碗等的生活用品進到壕內，耐溼的古董也收進深處，甚至家中的神主牌位也請入奉祀。物質與精神層面最重要的物件，全都移入防空壕內。果然，麻豆、鹽水、佳里這類中型市鎮，亦難逃空襲突擊。

圖4-6 一九四五年五月十日，美軍空襲佳里畫面。
來源：甘記豪提供，另可見氏著《米機襲來》。

圖4-7 一九四五年五月二十四日，美軍空襲新營市街畫面。
來源：甘記豪提供，另可見氏著《米機襲來》。

麻豆被打成這樣，就可以看出敵人的獸性了。到底破壞這種小市鎮，對敵人有些什麼好處呢？

吳新榮痛苦地寫著，「我們早已無法相信戰爭會有什麼人道」，並開始考慮應否將家財疏開到更偏遠的將軍鄉間。收音機內的戰情報導，傳來敵軍在攻取東京、塞班島、琉球三地中心的硫磺島之後，再來要攻取琉球。吳新榮聽到新聞鬆了一口氣。「臺灣似乎被跳過去了，正因如此，不變成太平洋的孤兒，則幸甚。」

有收音機可聽新聞的日子，隨著六月佳里變電所遭襲而到了盡頭。吳新榮的小鎮疏開體驗有了新體會。

覺悟到終戰之前，電燈、收音機都別想用了。到頭來，戰爭意味的是回歸到原始生活……。

至於疏開到臺中大里庄的楊千鶴，則很滿意碧藍如洗的天空。即使要用水都必須到遠處的古井挑回來，然而與冬日陰雨潮溼的新店相比，這裡洋溢生機，彷彿充滿療癒力量。

鄉間的警報也引不起什麼關心，拉完不久就解除，農民幾乎都無動於衷地繼續工作。從

五、六月開始割稻，全體農村就展露蓬勃生氣。蔬菜也很豐富，楊千鶴有時會製成菜乾，寄送給夫家和娘家。大里庄這裡，有臺北人想像不到的平和日子，住在農家四合院內的楊千鶴一家，體會著遠離戰禍的悠閒生活。戰爭好像應該要遠去了吧。

楊千鶴耳畔響起鄰人的預言：「靖國神社的櫻花開了八重的雙瓣呀，所以戰爭將會於八月結束。」在廣島出現激烈的閃光與蕈狀雲後，三天後長崎亦被投彈。

一切，果然在八月結束。

在廢墟之外

終戰的前夕，在《臺灣新報》工作的何春木，對時局的感受更強烈。雖然每天都要刊登日軍擊落盟軍飛機的消息，雖然大本營總是說戰爭必勝，然而何春木並不這麼想，在回憶錄裡寫著：

> 在戰爭結束之前，由於日軍一敗再敗，總督府將全島的資源都運送到前線供應軍需使用，最後連鐵、銅也被強制回收。

東京新聞

戰爭終結の聖斷・大詔渙發さる

萬世の爲、太平を開かむ

新爆彈の慘虐民族文明の破滅を御懸念

帝國、四國宣言を受諾

「常に爾臣民と共に在り」

畏き極み 陛下御躬ら御放送

赤子の途自ら明か

忍苦國運を開拓せん

承詔必謹刻苦奮勵

再建の大業へ邁進せん

民の禍見るに忍びず

闘力培養と恢復へ

一糸亂れざる結束

政府、國體護持に全力

モラトリアム實施せず

圖4-8 一九四五年八月十五日，《東京新聞》第一版刊載天皇終戰詔書全文。

來源：王智慧主編，《高雄市立歷史博物館典藏專輯：戰火浮生錄》。

在「金供出」政策要求下，何春木看著銅像、鐵窗、腳踏車都被軍方收走，最後還有「硬貨（硬幣）回收」，連銅板都可以重生製造武器。在報紙生產線產製新聞的他，實在不相信日本能和全世界對抗。中部士紳林獻堂為配合政策，也只能將霧峰萊園的大砲、花架與一新會館的鐵欄杆鋸下。對於物資的強徵，林獻堂說，「聞之使人駭然，當局只顧自己成績，而不顧人民之負擔也。」甚而後來連林獻堂大哥及父親之銅像也一概回收，以做軍械。

如此窘迫的物資徵集，已預示皇軍將步向窮途末路。

日本投降前一天，各大媒體已經通知天皇隔日將宣布重大消息，並要求記者在家中收聽廣播。一九四五年八月十五日，第一次聽見天皇「玉音」，有人趴在地上哭了起來。「朕深鑑世界大勢與帝國現狀……」。多數皇民不明白這拗口難解的話語說什麼。但他們知道，一切都結束了。不論是好是壞，或失敗，或解脫，一切都結束了。

「玉音放送」並不很清晰，聲音低沉音量小，但何春木隱約知道日本帝國決定投降。《臺灣新報》報社內，日籍工作人員整日惶惶不安，相較之下，臺籍人員反倒有自此「當家作主」的興奮，報社每日準時出刊，維持正常運作。

歷經盟軍轟炸的臺灣，城市滿目瘡痍，人們營養失調，瘧疾蠢動，百廢待舉，臺灣的命運將如何？何春木記得市井耳語的興奮，但自己望著時局，卻是憂喜交雜。

喜悅的原因是臺灣以後不必再給日本人統治，但憂心的原因是對於祖國的情況不明瞭。

> 有人將祖國形容得很偉大，說祖國軍隊會飛簷走壁，才能擊敗軍紀嚴明的日本皇軍。

在大里庄知道終戰消息的楊千鶴，腦海只想快點回到臺北與家人團聚。

她獨自一人抱著剛滿週歲的女兒，北上的火車擁擠不堪，路途突然變得好遠好遠。艱辛抵達臺北、跨步走出車站，轟炸痕跡處處，路面凹凸不平，從疏散地回返島都的人潮密集走在幾近無政府狀態的城市，一片混亂。

南方的情況也同樣糟。八月十九日吳新榮來到久違的臺南，看到盡是殘蹟斷垣。

> 先由大銃街入城，始見爆跡之慘。而疎開（即疏開）者歸來之人已多。戰禍與民苦之情景現於眼前。至西門町一望本町方面，宛如古戰場。嗚呼，我所愛的古都，如此變貌了乎！又入銀座南，見百祿君之家，破壞少缺。至州廳邊，見兩廣會館完全無跡，嗚呼！我心既暗澹了。

回到八月十五日那天。吳新榮知道中午將有重大事件廣播，但因為收音機沒電，沒能親自聽到天皇宣布，而是友人造訪才說起廣播的內容。隔天回到老故鄉將軍，喜不自勝，夥同友人一起瘋狂。

> 各脫衣裝，跳下溪中，洗落十年來的戰塵及五十年來的苦汗。起了岸，各人向海面大聲絕叫：自今日起吾人要開新生命啦！……

不過，面對這個等待已久的歷史事件，臺灣人能否解脫，也是忐忑不安。吳新榮斥責的獸性敵人獲勝，大聲絕叫新生命的來到之後，對於未來，就惶惶然盡在不言中了。

> 噫，悲壯乎，歷史的大轉換是一日之中，是一時之間。噫，感慨哉，自今日雖說是和平之第一日，但難免一種的不安，無限的動搖。總是要光明的前途，必須要再努力、勉勵而已。……此數日中要謹慎，而靜觀世界之大勢。

一九四四年四月中從菲律賓馬尼拉回到臺灣的葉榮鐘，在由六社整併而成的《臺灣新報》擔任報社文化部長兼經濟部長，收入穩定，但因美軍不停轟炸，臺北有斷糧顧慮，原想返回中南部，卻因妻子臨盆在即，只能先帶著一家六口疏散到臺北大龍峒（今大同區）親戚家，一九四五年盟軍連續三天轟炸不遠的臺北飛行場（今松山機場），竟有炸彈碎片落在庭園裡。

妻子臨盆後，四月初，葉榮鐘疏散到臺中市郊軍功寮，戰爭末期亦飽受食糧不足之苦。終戰那日，他因為罹患瘧疾而發高燒，躺臥床上。下午五點，兩位《臺灣新報》舊同事來訪才說起終戰的消息，並且捎來音信：「在青黃不接之間，治安可虞，是否有和日人共同組織機構，以維持治安的必要。」

他們是受臺中州高等警察課長之託，希望與林獻堂關係親近的葉榮鐘能當說客，邀請林獻堂出面與日本人在非常時期共同維持治安。

不只是臺灣人對未來不安，在臺的日本人更加惶恐。

戰爭最末期還留在臺灣的日本人，多因為事業有成而難以割捨，莫不希望保全財產或續留臺灣。也有軍人無法接受戰敗消息。為安撫部分少壯日軍，安藤利吉軍司令官發布文告，大意為：「皇軍向以寧可玉碎、不可瓦全之大義教育諸子，此次猝逢遽變，諸子心中定有不能釋然者。但投降係天皇陛下之命令，任何人都要服從。諸子忠君報國，自另有其道，切勿輕舉妄動，貽患皇室。」

盡責的安藤利吉勸告日軍服從天皇命令，勿輕舉妄動，但之後他卻以戰犯身分被送往南京而服毒自殺。

處在政治的空窗期，大家都在觀望。終戰隔天，葉榮鐘就從軍功寮急著回到臺中市初音町內弟家中。因為空襲而荒廢的空屋，二十餘天都大門敞開，但也無偷盜。彷彿抵達終點的選手耗盡所有氣力，一切都先停擺。知識分子還無法在歷史轉折處深思考，唯一能做的，只是停下喘息。

他們必須慢慢摸索，其後臺灣，該往何處去？

失語的那天

八月十五日終戰那天，至國民政府前進指揮所抵臺的十月五日，這個島嶼有五十天的政治空窗期。

圖4-9 安藤利吉騎馬肖像照。他是最後一任臺灣總督，並身兼臺灣軍司令官。

來源：朝日新聞社編，《大東亞戰爭と台灣青年：寫真報道》。國立臺灣歷史博物館提供。

臺灣士紳組織「歡迎國民政府籌備會」，林獻堂、羅萬俥、林呈祿、陳炘、蔡培火、蘇維梁等六人則受邀至南京參加九月九日舉行的受降典禮。治安維持仍是移交初期最要緊的問題。剛開始，零星出現臺灣人毆打日本人，尤其是日本警察的事件。葉榮鐘描述他們：

無論軍、官、民都不敢還手，這是臺人始料所不及的。

各地流氓地痞看穿日本警察再無實權，於是濫伐林木、拆毀公共造物如橋梁、鐵軌、教室玻璃，即使看到張貼的文告「為保全公共建造物事勸告同胞兄弟」，也置之不理。這個混雜的時刻，公物侵吞化為私產，見怪不怪。臺灣人在脫離日本統治後，莫不希望自己當家作主、自發自強，但是失序、失望與失落，也從這一刻開始。

十月，臺北，現今中山南路的兩側。楊千鶴抱著女兒，擠在歡迎國民政府軍隊的群眾之間。看著背著鍋子、手提雨傘的「雨傘兵」，以及穿著臃腫的「棉被兵」進城，殘敗的中國軍隊，她與歡迎的群眾相視，錯愕無語、嘆聲連連。

相較過去看到的日本軍隊，這些中國軍人宛如逃難而來。頂著烈日夾道歡迎的臺灣人，也是感到前途未卜的臺灣人，初嘗一種遭到背叛的心痛。葉榮鐘感慨：

日本軍人裝備精良，行動活潑，雄糾糾，惡狠狠，令人望而生畏。省民看慣了日本軍人的威風，見到我們自己的兵士裝備簡陋，風采不揚，甚至肩挑鋪蓋鍋缽，形同難民，心中未免失望，只是口頭不忍說出來。但少年人心直嘴快，背地裡就有不客氣的批評。

有很多遠在日本、中國等地的海外臺人同胞，還在等待援救。林獻堂召集臺中市內人士，組成「臺灣省海外僑胞救援會」發起募捐，並請求前進指揮所祕書長葛敬恩搶救臺胞。

臺籍日本兵被視為戰敗國民，宛如流放的孤兒被棄置在各地。林獻堂女婿高天成當時人在東京，打電話回來提醒還有不少日軍徵用的臺灣青年，在日本生活無著，不知該往何處；丘念台也從廣東來信，告知一萬餘名臺胞飽受歧視凌辱，惶惶不可終日而淪為乞丐。

一九四五年十月二十五日，陳儀以盟軍中國戰區最高統帥蔣介石特派代表的身分，接受日方代表安藤利吉的投降，並正式軍事接收臺灣，以及日本在臺資源。中國來的接管委員，也陸續住進了原本為日本人居住的高等官宿舍。

但是臺灣，真的已從戰敗國的殖民地，成功回歸祖國而成為中國國民嗎？

臺灣新報社的內部，日本記者、編輯自動將工作移交給臺灣籍員工。何春木從內勤記者變為外勤記者，正式執行採訪工作。當天《臺灣新報》改名《臺灣新生報》正式改版發行，由李萬居接手報社運作。

靠寫字吃飯的記者，遭逢國籍轉換，應該用什麼樣的語言和外界溝通？

這批接受日語教育成長的知識分子，開始被迫學習外來北京話。為了應付白天的採訪，何春木晚間進入軍隊政治部開設的「國語」講習班惡補北京話。面對降臨在政府機關的外省籍公務員，何春木只能比手畫腳進行採訪，交談有聽沒懂，半手語半猜測才能溝通。失語的情境，激勵何春木將學來的北京話現學現賣。

因為國民政府接管政務初期與臺灣人民的種種不融洽，時任中國國民黨臺灣省黨部執行委員的丘念台，為了彌補裂縫、促進理解，於是建議籌組「臺灣光復致敬團」，擬訂一九四六年八月參訪中國，葉榮鐘也在團員之列。

不融洽，是講得委婉。背後是臺灣人的疑懼，何以紀律不嚴？何以難以溝通？然而光復致敬團遭到陳儀阻撓，臨行前行政長官公署提出條件：不許林獻堂擔任團長；團員必須從臺北直飛南京，不得在上海停留並先接受臺人團體招待；不能上廬山晉見蔣主席；勿談政治。種種限制，已可預見日後臺人處境之艱難。

一九四六年十月後，報紙已全面禁止日文版面。無法適應新政策的記者紛紛辭去。媒體，還是國家掌控的機器。

失語的臺灣人，學著念起注音符號，ㄅ、ㄆ、ㄇ、ㄈ……。如幼兒ㄚㄚ學語，努力適應新政權、新語言。努力當個既戰敗又戰勝、既能笑也能哭的人。

「爸，我以後要做支那人嗎？」

「木順，不可以說支那人，要叫中國人。以後要做中國人。」

「中國人？不常聽到吶。」

「嗯，沒錯，大家輕蔑咱們，叫支那人，支那人，可是咱有道地的叫中國人的名字嘛。」

「啊，我是中國人──」

「知道嗎？木順，咱當日本人的時候，不管頭腦怎麼優秀，都不能成為偉人，可是，這回做了中國人以後，就不一樣囉，只要用功讀書，什麼樣的偉人都能做了吶，所以木順，你今後不好好讀書不行吶。」

「我真高興呀。」

木順不覺手舞足蹈地喊了「萬歲」。

「對，木順，咱來喊『中華民國萬歲』。」

於是，木順高舉著青天白日旗，激烈地揮動著，父子倆喊著：「中華民國，萬歲！」

——龍瑛宗，〈青天白日旗〉，一九四五

參考書目：

吳新榮著、張良澤總編纂（二〇〇七—二〇〇八）《吳新榮日記全集》。臺南：國立臺灣文學館。

李文卿（二〇一〇）《共榮的想像：帝國、殖民地與大東亞文學圈（一九三七—一九四五）》。臺北：稻香。

周婉窈（二〇〇二）《海行兮的年代：日本殖民統治末期臺灣史論集》。臺北：允晨。

林良哲（二〇〇四）《何春木回憶錄》。臺北：前衛。

林獻堂著、許雪姬編（二〇〇〇—二〇一三）《灌園先生日記》。臺北：中央研究院臺灣史研究所、近代史研究所。

邱貴芬（二〇〇一）《日據以來臺灣女作家小說選讀》。臺北：女性文化。

神谷忠孝、木村一信編（一九九六）《南方徵用作家：戰爭と文學》。京都：世界思想社。

許雪姬（二〇一一）〈「臺灣光復致敬團」的任務及其影響〉，《臺灣史研究》十八卷二期，頁九七—一四五。

陳翠蓮（二〇〇八）《臺灣人的抵抗與認同（一九二〇—一九五〇）》。臺北：遠流。

楊千鶴著，張良澤、林智美譯（一九九九）《人生的三稜鏡：一位傑出臺灣女作家的自傳》。臺北：前衛。

葉榮鐘（二〇〇〇）《臺灣人物群像》。臺中：晨星。

葉榮鐘（二〇〇二）《葉榮鐘日記》。臺中：晨星。

龍瑛宗著、陳萬益主編（二〇〇六）《龍瑛宗全集》。臺南：國立臺灣文學館。

第五章 知識不能避難：師範生的故事

蔡旻軒

空襲警報

一九四五年五月三十一日這天，柯雪娥、黃金桂、吉嗣美津子等臺北師範學校女子部的女學生，正準備避往臺中州的雙冬學園。

女學員們起了大早，宿舍和教室已經完全淨空，課桌椅兩兩相疊繫上繩子搬到校園角落，裝備和行李送上貨車。二百五十多個女孩子動作俐落，準時回到玄關集合，準備出發，等待著。

臺北師範學校女子部，位置在臺北的南門城旁邊，這些女學生被稱為「未来の教師の卵」。是的，她們是孕育教育的希望，知道臺北空襲頻繁必須疏開，知道疏開的雙冬在臺中山區，也知道山裡蚊蟲肆虐、藥物短缺、已有多人得瘧疾死去。荒山野地，前途危險，仍然得去。

她們等待著，即將十點。轟轟引擎聲由遠而近、空襲警報聲咿喔響起，打破等待的寧靜。天際線雖然尚未看到轟炸機，女學生已驚叫逃開，很多人在慌亂中踩掉了鞋，匆匆擠進防空壕。

嚴格說來，只有三個小時。臺北飛行場（今松山機場）的戰機甚至沒有出動，單靠陸上砲兵單薄的回擊。在臺灣這座麥克阿瑟譽為不沉航空母艦的島嶼，日軍已經部署不少戰力，但一九四四年底雷伊泰島（Leyte）戰役之後，美軍航母艦隊進駐臺灣周邊，以菲律賓為基地連續轟炸臺灣的軍需產業。屏東、高雄港、岡山、虎尾，糖廠、石油煉製工廠、飛機製造廠，幾乎無一倖免。

學生接受行軍及武術訓練，幫忙挖掘防空壕、構築陣地，也要做好準備以迎擊美軍登島。當警報聲起，各個訓練有素，依循指示躲進暱稱蛸壺（章魚洞）的防空壕，即使警報解除也不敢喘息。

幾個月來，美軍空襲的經驗雖不稀奇，但是這回特別淒厲。女學生們瑟縮在陰暗的防空壕，聽著爆破的頻率、震動的幅度，判斷敵機的來去。每聽到一次隱約的窸窣摩擦聲，就預告著一次落彈、一次爆炸，猛烈的震動緊隨而來。頭上遮蔽防空壕的木頭喀滋喀滋響著，防空壕內煙沙彌漫。她們的感官混沌不清，幾乎窒息在恐懼裡，蜷曲著迎來生命的盡頭。

圖5-1 臺北大空襲過後，被炸成剩下後牆的大稻埕天主教堂。
來源：張才攝影，廈門攝影企劃研究室提供。

三個小時後，劫後餘生的女孩們走上礫石堆，不敢相信眼前的廢墟就是自己的校園。校舍建築崩塌成亂石，隨身行李壓在瓦礫底下，遠方還在燃燒，燻得視線矇矓。

幸好，經過清點只有兩名同學稍微負傷。大家平安沒事，真是太好了。

這一天的臺北，三千餘人死傷。地毯式的攻擊，讓信仰與知識的殿堂也無從豁免。遠在轟炸目標區外的臺北帝國大學遭殃及，砲彈的孔痕至今鑲在圖書館的石牆裡。位於大稻埕的臺灣第一所天主教女子中學靜修女中，緊鄰的天主教堂被炸到剖開為二，留著「萬有真原」題字孤單佇立。

位居臺北舊城區，也是總督府核心區的幾所學校，像是臺北師範學校，以及第一高等女中（今北一女中）、第二高等女中（今立法院址），可就沒那麼幸運了。臺北第一高女的校舍幾近全毀，校長伊藤仙藏當場殉職，校門口鐫刻校訓「正、強、淑」的石碑也消失神隱。將近半個世紀以後，日籍學生返臺時回訪校園，才找出這塊校訓碑，埋在榕樹底下錯結的根系之間。

八角塔下的少年們

皇軍動員的操兵準備，一九三〇年代的中學生就開始經歷。鍾肇政回想中學校的少年歲月，記憶最深的是一座「八角塔」。這是一九三八年的事。

八角塔正在漂浮的夕陽殘照裡靜靜地佇立在綴著白雲的藍天下。
我匍伏在地上。草香與泥土味輕柔地抱擁著我的整個身子。
這寬敞的運動場，四顧沒有一個人影，一種莫名的孤獨感與渺小感悄悄地鑽入我的心房中。
噢，這麼靜——靜得使我的少年之心一層一層地剝落著，溶解著……

圖5-2 融合中西建築元素的八角塔
來源：國立臺灣歷史博物館提供

八角塔是淡水中學的重要建築，理應是優美的回憶，何以是少年之心的剝落與溶解呢？故事要從鍾肇政十四歲那年講起。那時他以極優異成績從龍潭公學校畢業，未料報考新竹中學校卻落榜，輸給另一名成績較遜的同學，原來對方是日籍校長的兒子。這是他生平第一次深刻的挫折，「二等國民」的悲哀一輩子都抹不去。

他聽從親戚的建議，考慮了私立淡水中學校。這是加拿大長老教會一九一四年創辦，首任校長即是馬偕醫師的長子偕叡廉。校園有一座小小的相思林，高瘦的相思樹環抱幾排板凳，是烈日也很涼爽的「林間教室」。鍾肇政醉心於此，常想著：「如果能到這兒來上上課，那一定很舒爽吧？」

鍾肇政這次如願就學。雖是教會辦學，軍國主義氛圍依然濃厚。除了一般課業，還有日常教練、戰鬥課程。校園生活嚴格按表行事，非指定物件一概不准使用，制服也是高度要求。卡其色衣褲，繫著黑腰帶，足蹬黑皮鞋。鋼絲撐頂的帽子，鑲著三片椰子葉與「中」字圖樣的校徽。

開學第二天，威嚴的比嘉教官就開始檢查服儀。鍾肇政有一次目睹一名同學穿了沒有校徽的舊襯衣到校，比嘉教官毫不留情一把摔下去。胸前的瘀青，新生心頭的陰影。

「皇軍為什麼天下無敵？」比嘉教官訓話前總是這麼問。「一句話，絕對服從！」

上級的命令，必定要遵行。多麼抽象而簡潔的道理。「絕對服從」是全方位的，語言的和行動的命令都必須服從。

校長、教官、教師無庸置疑是上級，學長當然也是上級。中學校的修業年限是五年，「五郎」成為菜鳥們共享的名字。因為校方規定，初入學的新生保留姓氏，名字之後皆冠以五郎，校內校外都用此名。隨著年級增高，其後會逐步升級為四郎、三郎、次郎、太郎。資歷愈長，分配的任務等級愈高，宿舍也離校區愈近。

圖5-3 鍾肇政（後排中）淡水中學時期合照
來源：鍾延威提供，取自「鍾肇政臉書粉絲專頁」。

在一九三七年臺灣總督府認可私立中學以前，私立教會學校畢業無法銜接正規升學體制。因此很多學生把淡水中學校當作轉學跳板，年級愈高，人數愈少。

對所有五郎而言，服從學長的初階表現是舉手禮。無論是校園或校外，見到學長就要即刻行軍隊式的舉手禮。一旦五郎的動作不確實、態度不夠殷勤，學長便有權出手「導正」。輕則回學寮正坐自省，重則當面狠甩巴掌。

鍾肇政記得開學典禮，校長有坂一世的聲音嚴肅而宏亮地稱讚學生素質優秀，也因此負有領導本島人的使命，必須誠惶誠恐。

明治天皇陛下曾在一首和歌裡吟過：「新高山下的民草們，如今也漸漸繁榮，余心為之歡悅」，這就是一視同仁，多麼崇高偉大的慈愛呀，你們必須時時不忘浩蕩的皇恩，努力學習做個堂堂正正的皇民。

這是一九三八年，日中已經捲入戰爭。校長一再聲明皇民化的意義，「特別是目前，全國一億皇民，正在為完遂聖戰而刻苦奮鬥，將來你們的報國之道是寬闊無限。」

往後一年，教室內外的課程及生活，此起彼落傾洩出「皇民」、「一視同仁」、「完遂聖戰」等詞彙。

然而肇五郎隱約有個疑惑，什麼是絕對的服從？還來不及思索，肇五郎就在有坂校長與比嘉教官的引領之下，快速並且完全融入這個階級分明的體制。很久以後，肇五郎才知道比嘉教官的任務：從根柢鍛鍊本島人子弟的劣根性，成為本島人皇民化的急先鋒。

考上灣高的次郎

八角塔是肇五郎融入體制的記憶所在。這座中西風格混合、紅磚白牆交錯，原稱為「信望愛塔」的八角建築，歷經戰前與戰後，現身於鍾肇政的小說裡，也成為當代電影《不能說的祕密》拍攝地。

肇五郎的思緒，越過八角塔，落在後方的武德殿，這裡是學校的武道場。學生在此進行軍事的訓練、操演、勞動，修習日本武道精神。在一九三六年之前，武德殿除了做為體育館，同時也是禮拜堂。

肇五郎沉迷於「時代小說」，神往劍豪的事跡，因此一有機會選擇社團，毫不猶豫就是「劍道」。劍道的精神落實於基本動作。正坐、行禮、走步。然後，「青眼之構」、「下段之構」、「上段之構」，各種劍道架式，一點不能馬虎。特別是正坐。

> 只有正坐，才能集中精神。從前的劍豪武士都是這樣修練的，皇軍之所以世界無敵，主要也是靠這種修練。

專教武道的川岸先生，總在學生操練正坐、雙腳癱軟之後，這麼訓斥：「你們既然是領導六百萬島民走向皇民化大道的代表人物，應該多多修練，才不愧是一個大日本帝國臣民。」武德殿就是這樣一個地方，課外活動、軍事操演、行軍儀式，儼然是鍛鍊島民成為皇民的殿堂。

一九三九年冬至之日的武德殿，有淡水中學生的行軍儀式。隊伍從淡水出發，走往石門，距離三十公里。步槍、補給、綁腿，學生全副武裝，沿著臺北淡水道南行。多雨的北海岸，溼滑的紅土坡，舉步維艱根本習以為常。這趟行軍，美其名是日常操練的實踐、提升作戰的能力，它還有個目的——前往慰靈塔祭拜軍魂。

鍾肇政不久就要認識的李登輝，也在這一次行軍與慰靈之列。

李登輝在私立國民中學讀了一年，然後轉學淡水中學二年級。當他與鍾肇政相遇之時，

圖5-4 鍾肇政（最後一排右三）參與劍道社合照
來源：鍾肇政，《鍾肇政的文學影像之旅》。

圖5-5 淡水中學時期的李登輝（最後一排左起第四）
來源：淡江高級中學編，《淡江中學校史》。

名字已經是李次郎。

鍾肇政在一九四〇年準備升上三年級，他從校外的「和」寮，搬進校內名為「聖」的木造學寮。滿心欣喜著三郎名號的氣派，未料一進宿舍房門，竟發現分配的室友是太郎和次郎。肇三郎還是學長學弟制的最底層。

另一方面，原初想在劍道揚威的他，始終找不到成就感。與鍾肇政同時代的中學生並非天真無憂。升學壓力如芒刺在背，不斷釘著他們考量出路。升上三年級以後，周遭同學出現了跳板轉學潮，坦白說，三、四年級是最苦悶的階段，他們長得夠大、不再懵懂地墨守成規，卻也無力突破已知的困頓。在這個轉折的階段，如果不升學，就得去當兵。鍾肇政並不願意這樣。他試著思考，應該當醫師或當老師？當同學一個一個離開，軍事操演愈來愈頻繁，顯然無論是醫師或老師，留在淡水中學總歸不是最好的選擇。

思及未來，鍾肇政心生躊躇也找不到答案。於是「讀書」成了他的避風港。他回復過往的閱讀習慣。恰好前一年「馬偕博士記念圖書館」落成，肇三郎有空就往圖書館鑽。

肇三郎發現，平平是閱讀，他自己看的是文學刊物，前輩卻都在讀英語、數學等衝刺考試的教材。尤其是瘦高的鄰室前輩李次郎，更是每天都在啃書的標準大書蟲，而且竟然四年級就轉學考上了「灣高」。

灣高是日本在海外設立的第一所舊制中學，當時名為臺北高等學校，也就是今天臺灣師範大學的前身。灣高在日本高校雖然排不上頂尖，卻是臺灣人第一名校，每年錄取一百二十名學生，多數是日本人子弟。肇三郎聽說，考進灣高比考進臺北帝國大學更難。

李次郎因此成為淡水中學校的傳說。

李登輝曾夢想成為歷史教師。他在灣高聽了東洋史教師鹽見薰講課，鹽見老師將馬克思主義史觀用於討論近代發展狀況，促使他有了以農立國的想像。這門課成為一顆種子，蘊育李登輝繼續就讀京都帝國大學農業經濟學科、臺灣大學農業經濟學系，以及日後美國康乃爾大學的博士論文《臺灣農工部門間之資本流通》。

相較於李次郎先輩，肇三郎自認野心不足。同學已紛紛規劃回到日本內地求學或覓職，肇三郎始終下不了決定，只能恣意維持現狀、徜徉書海。

直到一九四二年，臺灣開始實施陸軍志願兵制度，鍾肇政已經是應屆畢業生，出路成了閃躲不掉的問題。

教官大力鼓吹所剩不多的高年級生，稱讚他們受過中等教育有多不簡單，如果從軍就可成為「幹部後補生」，再經教練檢定及格，兩年就有資格當陸軍少尉了。

諸君！是陸軍少尉呢！能夠成為一名皇軍的「將校」，那是多麼了不起的事情？

鍾肇政耳邊縈繞教官流洩的「志願」與「赤誠」口號，眼前逼近的是校門之外亂竄的戰事新聞。

「但那又怎樣呢？」

這些捨身從戎的事情，對鍾肇政來說實在太過遙遠，他不願喊出「天皇陛下萬歲」、「大日本帝國萬歲」這樣的臺詞，也不願被「支那的暴行」給渲染仇恨，於是抓定心意，要優先升學。

軍歌當令的年代

鍾肇政應屆畢業的那一年，升學考試再次挫敗。他在大溪宮前國民學校短暫擔任一年的助教之後，迎來的一九四四年，特別不平靜。

臺灣總督府青年師範學校（青師）就在這樣的氣氛下於彰化設立。隨著戰況惡化，總督府深感師資不足，急於培育更多願意為天皇效力的「皇國青年」以利動員，於是匆匆創設該校，「以培育鍛鍊符合皇國之道並能擔任青年學校教員為目的」。因為建校急迫而物資困乏，因此空有校名卻沒有校舍，還得向彰化商業學校借教室。

青師分成本科和講習科，本科以日本人為招收對象，修業年限三年，講習科則主要是臺灣人，修業年限一年。鍾肇政是第一屆、也是唯一一屆畢業的講習科學員。

日常的訓練必須挖掘防空壕，演習時光招致的死亡感，使鍾肇政有揮之不去的虛無、徬徨。直到結識知心好友沈英凱，躲空襲的時候一起帶書消磨時光，沒有課的時候也會躲到學寮後方的墓地閱讀。只有在他與友相伴，一同讀起《懺悔錄》、《父與子》、《罪與罰》時，感到「時有微涼不是風」的爽快，心中愁苦才得以紓解。

青師吸引了許多不想被迫當「志願兵」或逃避徵兵的臺灣人，甚至日本內地都有不少人跨海應試。這些青年師範生雖然表面上是滿口忠君愛國、願為陛下而死的「大日本帝國臣民」，實際上，大老遠跑來青師念書，難保不是為了享有緩徵的待遇。知識成了規避戰爭的途徑。

這段期間，臺灣各個角落都是〈幼鷹之歌〉、〈拉包爾小曲〉這一類的軍歌，即使對徵兵心有不滿的鍾肇政也能哼個幾句：

年輕的血潮預科練
七顆鈕釦上櫻花和錨
今天也飛呀飛　在霞浦的天空上
好大塊的希望之雲在湧

燃燒的朝氣預科練
手腕是黑鋼心如火花
刷一聲飛起越過波濤
往敵陣殺進去

可敬的前輩預科練
每次聽到戰果　血潮迸騰
鍛鍊呀鍛鍊攻擊精神
大和魂無敵手

不怕死的預科練
意氣的翅膀也是勝利的翅膀
漂亮打沉的敵艦
好想拍下照片寄給媽媽

這首〈幼鷹之歌〉又叫〈預科練之歌〉。預科練的全名是海軍飛行預科練習生，十七、八歲的少年航空兵，他們是「神風特攻隊」的主要來源。

一九四三、四四這兩年來，日軍從阿圖島（Attu）到塞班島相繼失陷，美軍步步推進，日軍遭到敵軍全體殲滅的「玉碎」消息陸續傳來。一九四四年十一月，一百架B29轟炸機從塞班島起飛，空襲東京，美軍對日本本土的連續空襲正式展開。當時日軍為挽回頹勢，派出一架又一架戰機，錨定美軍據點落下自殺式襲擊。玉石俱焚、為國而亡，是大和魂的具體示範。被培育來駕駛戰機的預科練，首次出征就是死亡。

終戰以後，鍾肇政將這首歌寫入《濁流三部曲》、《臺灣人三部曲》，由主角陸志龍、陸志驤在動盪浮生之時吟唱。可是國家已經改名，同胞成為敵營，這番吟唱回憶終是平添誤會與質疑。

鍾肇政將辯解留在小說裡。

陸志龍彈奏鋼琴，帶領孩童齊唱〈預科練之歌〉時，心中不存仇恨、也不流激昂，領略歌曲意境的傷感而非軍國的認同。陸志龍緩緩吐露他的感觸；詞中朝開夕凋的櫻花如同大和魂之湧現，花與魂都憧憬向陽，卻也在綻放的剎那，不旋踵就絢爛地隨風而去。

向著光走怎麼會錯？預科練與臺人的前程看似有路也有光，然而所有路向，都在這首歌裡被諭示著。

圖5-6 小小日本學徒兵鍾肇政

來源：鍾延威提供，取自「鍾肇政臉書粉絲專頁」。

一九四五年春，鍾肇政從彰化青年師範學校畢業。然後迅速接到「學徒召集令」，成為駐紮大甲的「帝國陸軍二等兵」。只不過，鍾肇政入伍不久就感染瘧疾，退伍之前的時光，大半都在病榻上。

這場軍旅之惡疾，嚴重損傷鍾肇政左耳的聽力。這干擾了他日後的語言學習，卻擊不退他串連日語世代、走入國語世界之努力。即便從此必須仰賴助聽器，鍾肇政仍不以為苦，多年後還自在談起曾被戲稱為「貝多芬」的往事。

折散的白雲，不知飄到哪裡去

一九四五年差不多時間點的空襲，臺南師範學校也是重災區。三月，美軍對臺南的轟炸目標已不只軍事基地，民宅也會遇襲。臺南師範學校在離機場不遠的市區，沒有閃躲的可能。師範學校的上課時間也大幅縮短，學員改採軍隊式管理，每日不是挖防空壕、就是修整校舍。

學生看到戰機壓低航道逼近校舍，隨即又一組戰機迎空飛去，敵我難辨之際，一顆一顆火球就從天而落。空襲警報這才發布，教室的學生手邊有什麼抓什麼，乾糧、書籍、紙筆，奔向章魚洞。隔著馬路，校舍陷入火海，有人在哭。然而，有人再也不用躲了，師範學生至少有四人活埋。烈火燃燒兩個小時，與半個臺南市區一起，燒到僅存空洞的磚瓦。音樂教室的鋼琴，也葬身灰燼之間。

遠在一百二十公里之外的臺南師範校友矢多一生，得知樂器設備盡燬於空襲，感傷不捨地向妻子湯川春子說道：「那個琴如果拿到山上供我們的族人使用，該有多好。」

矢多一生原名 Uongu Yatauyogana，一九〇八年出生於阿里山鄒族的特富野部落，十六歲保送臺南師範學校，是第一批接受高等教育的部落菁英。他吸收現代思維，洋溢音樂才華，最喜歡鋼琴，還曾協助調查採集鄒族民謠，融入族人樂音到現代歌曲。

矢多一生畢業後取得「公學校甲種本科正教員」，回到部落達邦國小任教，同時也兼任巡查。矢多一生相信族人的命運可以改變，因此選擇與總督府合作、軟硬兼施在部落奔走。

他在就讀師範學校期間，就常於休假回返部落，輔導孩童讀書。二十一歲那年，認識了十六歲的湯川春子。她剛剛由蕃童教育所畢業不久、憑著優異日語能力分發到達邦分駐所工作。他們相戀、成婚，攜手為部落奉獻。

春子被送到臺南警務課長家中學習禮儀，為的是協助矢多一生分擔部落庶務。

回到部落的矢多一生勸導族人戒酒、汰除室內殯葬習俗。看似只為迎合總督府政策，實則關心族人的命脈存續。一九四二年二月，臺灣總督府開始徵調原住民組成「高砂族挺身報國隊」，前往菲律賓協助日本軍隊作戰，後改名為「高砂義勇隊」。皇軍榮耀、青年勇士的光環，吸引爆量的部落青年獻身，第一期招募目標人數五百，竟有四千二百人挺身而出。鄒族青年也豪氣上身，紛紛提起蕃刀，妻兒的眼淚不能阻擋赴戰的雄心。

矢多一生急著勸止熱血衝動的青年：「孩子才剛出生，這個家族需要你。」此次離開，不知道何時才能回來，矢多一生不斷勸留，駐在所主管一看，大聲痛斥：「馬鹿野郎（混蛋）！矢多一生，給我滾回去！」

矢多一生因而遭到處罰，在青年道場面壁一整夜。

面壁思過，矢多一生想的是什麼？生活在兩個族群的夾縫之間，矢多一生長出了跨文化的眼睛，這場仗不應是族人來懸命對戰，國家的未來不等於部落的明天。只可惜，在這動盪的岔口，沒有人看得透浮雲如何奔散。

高砂義勇隊的募集次數共有八回，人數粗估約三千五百名，被分批送往菲律賓、新幾內亞、索羅門群島等地作戰，十人中勉強只有一人能生還。既是駐在所官員，也是部落的一分子，矢多一生多次前往高雄軍港，以兩種身分同時迎回殉難的年輕戰士，眼下滿是無奈。

戰時烏托邦

一九四五年以來，空襲愈趨密集，有時甚至一個晚上就要摸黑避難五、六次，溼且悶的臺北，冬雨積水未退，臺北師範學校的師生在指揮之下，迷迷糊糊擠進雨水、汗水交混的防空壕。

避難雖已成常規，但是，戰場不斷傳來「玉碎」的消息，教職員生對皇軍的信任也在動搖。

一九四五年三月，本任職臺北第一師範學校的塩澤亮，應召入伍，編入臺灣第一三八六三部隊本部，隸屬於宜蘭地區警備的雷神部隊。

五月三十一日臺北大空襲，毀了臺北師範學校女子部校舍，二百五十名學生朝向雙冬疏開。她們走過礫石堆、跨過垂盪的電線、迴避汽車殘骸，隨著車輪滾動鐵軌，匡啷匡啷，一直前進。途中也在夜行列車中遇到空襲，女孩們緊緊依靠著彼此，一句話也沒有說。匡啷匡啷，在車輪摩擦鐵軌的間隙，警報聲凌亂竄入。

她們先後抵達臺中，再轉車到草屯。這時她們不再能集體行動，而必須分批轉乘卡車、火車，行過長長的碎石子路，穿過兩個隧道，才是雙冬學園。

雙冬在臺中及埔里之間的山區，前有烏溪，對岸是火炎山秀峰。至少沒有戰爭的聲音與氣味了。與世無爭、歲月靜好。吉嗣美津子多年後還記得抵達的第一天。她坐在鳳凰木下，捧著淋上醬油的豆飯，一頓歷劫而來的晚餐，安定、滿足、喜悅。

時間不可能為此長留。雙冬沒有砲彈的空襲，卻有瘧蚊的攻擊。

疏散過於急迫，雙冬學園的建築物都尚未起建，也沒有柴薪。這裡是一個太過自然的環境，到雙冬沒多久，黃金桂與同儕結伴在烏溪盥洗，被溪中蟄伏納涼的水牛給嚇得奔跑上岸。水牛氣定神閒，動也不動地盯著她們，這群少女只好妥協，挨著彼此也挨著水牛，隨意清洗，速速離開。

生活上的不習慣事小，更麻煩的是當地衛生調查不充分，學園後方的香蕉山竟是瘧蚊棲息地。女學生露宿山林，還須進入後山採集食物及水源，飽受蚊蟲叮咬，瘧疾傳染嚴重，還一個一個長起了頭蝨。與牛雞共浴共生，加上水土不服，身體狀況自然好不到哪去。全數逃過臺北大空襲的女孩們，卻在這裡多人罹患瘧疾。病重者死去、存活者則隔離，其他人的健康狀況也亮起黃燈。從臺中州衛生課領來的藥品，根本不敷使用；不少學生二度、三度發作，最高紀錄有人甚至七度染病。

學生極為不安，森田女子部部長又不受村民和教職員信任，整個學園人心浮動。大浦校長急著親赴宜蘭警備隊，請求解除塩澤亮的召集令。五天後，塩澤亮就從宜蘭趕到了雙冬。他趕緊走往保健室一看，真是滿目悽慘。嘔吐聲、嗚咽聲，此起彼落，夢囈之語也穿梭其中。所有的人都想回家，誰還記得臺北大空襲？

圖5-7 雙冬女學員黃金桂所繪插畫。可見雨天的校舍（左），以及女學員於烏溪梳洗、溪中有水牛的景象（右）。

來源：台北師範芳蘭会本部記念誌編集委員会，《台北師範芳蘭会：閉会記念誌》。

「老師！老師！」夜半迫切的敲門聲，比空襲警報更令人心驚，一聲聲呼喊是女孩對病痛微弱的抵抗。此刻雙冬，最駭人的並不是戰爭。

吉嗣美津子接到父親病危的訊息時，心情異常矛盾。她好想回家，但是心底不免為了返家的雀躍而深感愧疚。

「都是父親病重的關係啊。」美津子將矛盾的心情告訴室友山崎昭子。不知怎麼的，昭子竟不理會美津子的話語，心神不定地一逕說著：「真羨慕妳，好羨慕妳呢，可以回家了……我好像有點發燒，妳看看……。」自顧自地拉起美津子的手放在自己的額頭上。

「嗯，真的有點熱呢。」美津子無暇再想自己的煩惱。

昭子感染了瘧疾！那晚是她最後一次見到山崎昭子，不到一個月，又有三名同學死於瘧疾。

與昭子比鄰而寢的美津子，也在趕赴老家的途中發病，成了隔離病患。此後大半個月，酷夏無法嚇阻惡寒，美津子放著盜汗、高燒交錯的軀體，精神恍惚難憑，連父親死訊也無從得悉。

在雙冬，最令人恐懼的不會是戰爭。

塩澤亮趕緊設想對策，希望改變困局。他先召集教師、學員晤談，告訴他們當務之急就是防止瘧疾，並在給予信心喊話之後，推行如下方針：

勵行黃昏燻蚊。

七點準時入寢。

禁止洗冷水澡。

服用預防藥品。

修補病寢室蚊帳。

確立值日制度以強化上述措施。

與此同時，為了讓教學得以延續，塩澤亮向鄰近的雙冬國民學校借了三間教室，並從滿坡的竹林中砍下大量竹子新建宿舍三棟，分成七個房間，另建廚房一棟，每到黃昏，室內務必焚香趨蚊。教職員也在滿室燻香的黃昏中舉辦聯歡會，希望學生們的心情盡快開朗起來。

師與生逐步築起生存的基本空間。利用竹筒做成引水道，汲引烏溪溪水，減少學員接近瘧蚊孳生地、降低罹病風險。

塩澤亮的工事奏效。一個月後，只剩下一人罹患瘧疾。

時序來到八月，地處山中草叢間的雙冬學園，生活中沒有空襲，也不缺糧食，戰爭似乎已被遺忘。

維持現狀，就這樣生活下去，許是雙冬學園唯一的期望。

這是歷史的一天，我親身經歷了它。

塩澤亮在八月十四日就曾耳聞不利於日本的消息。可是雙冬地處偏遠，沒有報紙、沒有電器，也沒有收音設備，資訊未明的情況下，他決定暫時向學生及村民隱瞞消息。

或許是美軍造謠也說不定？塩澤亮心中存著一絲希望。

學校幾名不安的老師、巡查，連夜趕至鄰近土城和草屯，希望鎮上有比較明確的訊息。沒有人清楚資訊來源，消息無法被確認。只得揣著焦躁的心情，瞠目度過漫漫長夜。

訊息的確認，端賴學生家長帶著報紙趕到雙冬學園。

捧著新聞，塩澤亮思忖著：

二百五十名的學生，有的父親遠征南洋拉包爾而未還；有的哥哥或叔叔捐軀於大陸或南海，有的成為殘廢者，有的弟弟當學生兵在臺灣島內興建要塞，有的母親或幼妹在家被炸，家財盡失而棲息於蕃山陋屋。這一切都是為天皇而殉難、為戰爭而犧牲……

雙冬疏散學園，無非也是因為這場聖戰而出現。

黃金桂夾在一大群女學生之間，揣著不安的心情，懵懂地被緊急召喚到廣場，她們只知道，這天早上氣氛特別壓抑，食堂裡沒有半個老師，一碗碗味噌冷冷躺在位置上。沒人敢問發生什麼事。

一到廣場，只見塩澤老師及師長們站在臺前，黃金桂突然瞭解到接下來要發生的事情，會比親人兩地相隔還要更糟。當她再次回顧這一幕，只記得塩澤老師的哽咽嗚咽，「各位……我……我國已宣告，無條件投降」，場景快速切換，取而代之的是眼淚。全校師生放聲大哭，紛紛朝向天皇所在地膜拜。

塩澤亮突然喊起了瘧疾身亡同學的名姓。

「中川君、竹丸君、山崎君，你們真是幸運啊！在日本全盛時代就先走了一步。」

黃金桂目睹一切。廣場中被留下來的人，都想知道該何去何從？她們不可置信天皇的子民會戰敗，她們也從沒想過自己將不再是天皇子民。是或不是日本人，在這一天被劃分得太過俐落，措手不及。

所幸師範女學生與雙冬村民幾個月來的互動一直良好。玉音放送之後，村民有些浮躁，但是看到雙冬學園女學生自制維持秩序，生活也就相安無事。其他地區不斷聽說的傷害事件，在這裡倒是沒有發生過。

雙冬學園一直運作到一九四五年十二月才解散。四個月間，老師反而更拚命要求學生完成課程和實習，希望趕在解散日前頒發「教員許可證」。師與生不計代價，也不問結果地完成階段訓練。

隨著日本人引揚歸國、本島人被恢復中華民國國籍，她們的苦惱愈來愈強烈。生活和教學，究竟該使用什麼語言？日本語？臺灣話？北京話？本島女學員辛苦考上師範學校，就是希望畢業之後站上講臺，啟蒙更小的學童正確使用日本國的語言。這一切突然都顛倒了過來。跨越兩個政體的本島師範女學員，被迫直面困境——求學期間研讀的語言教材即將被禁用。

她們必須重新學習。

另一方面，當時教師有文官身分，在週會或節日，校長按例是穿禮服配長劍，男性教員穿著文官服，女性教員則以「紋付袴」出席，紀律森然，氣氛莊嚴。對此滿懷憧憬的黃金桂，精進日語、為人師表的夢想，在終戰之後、畢業前夕的雙冬學園裡幻滅。

雖然，終戰以後，黃金桂如願成為女教員，但她始終遺憾那個身著紋付袴、站在講臺上教授日文的自己。

終戰以後，政體的轉換，讓矢多一生改名為高一生。一九四六年他受國民政府任命為吳鳳鄉首任鄉長，隔年二二八事件爆發，將他捲入突來的亂局。幸得臺南縣長袁國欽的相助而勉強逃過一劫。但參與抵抗活動的事實，已埋下禍根。他曾試圖推行的高山自治，也令統治者心存芥蒂。一九五二年，臺灣省保安司令部發動整肅行動，誘捕高一生、湯守仁等鄒族和泰雅族領導菁英，冠以貪汙、通匪、叛亂等罪名。一九五四年四月十七日，在臺北憲兵隊執行槍決。高一生的屍首雖葬回阿里山，卻無人敢寫出他的名字。直到四十年後，家屬和族人才終於能夠公開追悼，並在墓碑刻下，「高一生之墓，Uyonge Yatauyogana，為鄒族付出生命，有愛、有恨、無悔。」

圖5-8 高一生
來源：Wikimedia Commons

終戰以後，鍾肇政重新取得書寫能力，將自己的經歷化成一則又一則故事，透過陸志龍、陸維樑、陸志驤等角色展演。這群青年逡巡於時代的縫隙，駐守族群與族群的邊界。述及終戰的那一天，鍾肇政在《濁流三部曲》如此敘述：

這是歷史的一天。我親身經歷了它。但是我卻也沒有這樣的痛切的感受。

こうふく、こうふく！臺灣是光復、或是降伏？同樣的日語讀音，迥異的生命感受。對這群知識人而言，其所包含的概念都無關宏旨。走過終戰的師範學生，一生都在有限的天地伸展拳腳，不曾怪罪時代太過流轉。

參考書目：

巴蘇亞・博伊哲努（浦忠成）（二〇〇六）《政治與文藝交纏的生命：高山自治先覺者高一生傳記》。臺北：行政院文化建設委員會。
台北師範芳蘭会本部記念誌編集委員会（二〇〇八）《台北師範芳蘭会：閉会記念誌》。東京：台北師範芳蘭会本部。

何義麟、簡宏逸等（二〇一三）《圖說臺北師範校史》。臺北：五南。
李登輝口述、張炎憲主編（二〇〇八）《李登輝總統訪問錄》。臺北：允晨文化。
徐聖凱（二〇一二）《日治時期臺北高等學校與菁英養成》。臺北：國立臺灣師範大學出版中心。
莊天賜（二〇〇七）《二次大戰下的臺北大空襲》。臺北：臺北市政府文化局。
陳文松，〈「青師」學徒兵所見日本皇國民教育的虛實：以鍾肇政先生訪談紀錄及回憶錄、小說為中心〉，《臺灣風物》六二卷一期，頁十五—四六。
塩澤亮繪著、張良澤譯（二〇〇六）《從臺中雙冬疏散學校到內地復員——一位臺北女子師範學校教授在戰爭末期的紀錄》。南投：國史館臺灣文獻館。
鄭政誠（二〇一〇）《南臺灣的師培搖籃：殖民地時期的臺南師範學校研究，一九一九—一九四五》。臺北：博揚文化。
錢鴻鈞（二〇一七）《大河悠悠：漫談鍾肇政的大河小說》。臺北：遠景。
鍾肇政（一九九九）《鍾肇政全集》。桃園：桃園縣政府文化局。
鍾肇政（一九九八）《八角塔下》。臺北：草根。
鍾肇政（一九九八）《鍾肇政回憶錄》。臺北：前衛。
鍾肇政（二〇〇五）《臺灣人三部曲》。臺北：遠景。
鍾肇政（二〇〇五）《濁流三部曲》。臺北：遠景。

第六章　理想在何方：音樂家的故事

張琬琳

一場戰爭，兩個世界

從東京日出山莊踱步出來，走進馬橋通的「文藝復興」咖啡館，青年郭芝苑點了一杯咖啡，安靜地坐在離留聲機最近的角落。這天午後播放普羅高菲夫《第一號小提琴協奏曲》，他喜愛的俄羅斯作曲家作品。

第一樂章，小行板。音樂彷如行過靜謐的田野，郭芝苑啜了一口咖啡，微微闔上眼，享受悠揚的旋律。然而隨著樂音起伏，映入腦海裡的竟是搖曳金黃稻穗的故鄉。這曲子，又讓他想家了。

第二樂章，奔馳的速度，高低的起伏，難以預料的節拍，一顆顆不安的音符撩撥著郭芝苑此時矛盾交戰的靈魂。

「回去上課吧？」「不！你喜歡的音樂專門課都停了！」

「那還在這裡做什麼？」「點一杯咖啡，換整個下午的名曲欣賞！」

「不是來東京念音樂嗎？」「但現在只剩軍事訓練和勞動服務，和幾堂無聊透頂的初階音樂課程！」

「何不去練琴？」「沒琴。也沒錢買琴。」

「想家，何不回臺灣？」「想再試試，但不知道要試什麼……。」

音樂一直播放，郭芝苑心情持續掙扎。一年前好不容易考進日本大學音樂作曲科，未料太平洋戰爭爆發，學校課程盡成軍事操練，報紙寫著皇軍如何英勇殺敵，如何占領大半中國，南進部隊長驅直入，攻無不克，正在橫掃南洋云云……。音樂專業課程幾乎停頓，為追尋理想而前來學習音樂的郭芝苑，此時進退兩難。既不願留在學校鬼混上軍事課，又怕休學回臺灣，無顏見江東父老。

郭芝苑求知若渴，但知識只能在校園之外，於是他到神保町一帶逡巡，買唱片、買樂譜、看雜誌。除了音樂以外什麼都不會的他，在戰爭中能做什麼？索性就在無奈的日子裡，藉著音樂、咖啡、臺灣來的消息，度過每一天。愈是焦慮未知的未來，愈是逃避於音樂的天地。

他在手札描寫自己，彷若「現代音樂的俘虜」。

國人作品之管弦樂團於維也納堂堂入選　臺灣出身江文也君獲一等賞

——《臺灣日日新報》，一九三九年一月二十六日，日刊第七版，東京二十五日特電。

臺灣出生江文也氏　即將前往北京　赴任新興支那音樂教授

——《臺灣日日新報》，一九三八年八月二十八日，夕刊第二版，東京二十七日發。

這一天，郭芝苑從抽屜拿出收藏良久的《臺灣日日新報》，同時打聽江文也的東京住處，決定求見這位令他傾慕的音樂家，讓自己感覺東京求學還有那麼點意義。

臺灣文化界對於江文也這位出身大稻埕的國際級音樂家，毫不陌生。一九三六年江文也參加德國柏林的第十一屆奧林匹克競賽，就以一首《臺灣舞曲》獲得藝術類音樂組管絃樂作曲佳作獎（Honourable Mention）而揚名國際。郭芝苑自幼即以江文也的成就勉勵自己，儘管出身殖民地，有一天也能像他一樣出人頭地。

一九四三年初夏一日的清晨，郭芝苑找來詩人好友李國民壯膽，鼓起勇氣撥下電話。

「您好，請找前輩江文也君。」

「我就是。」接起電話的正是江文也。另一端緊張到冒汗的郭芝苑微微顫抖，興奮到忘記如何開口，一旁的李國民趕緊搶過話筒。

「我們是來自臺灣的學生，向您打擾。是這樣的，我們非常崇拜您……可否……冒昧拜訪？向您請教音樂和藝術……？」

「文學、美術……我可能不是專家，不過可談談音樂。那麼，歡迎歡迎，就今天下午見面如何？」

這時的江文也，已在日軍占領區的北京任職，擔任北京師範學院音樂組作曲教授，偶爾才短暫返回東京陪伴妻女。江文也是在一九三八年接受任教於該校的同鄉柯政和之邀，選擇到北京工作，對江文也而言，這是新的音樂夢，既可遠離日本內地樂壇的排擠，又可前往帝國新天地，感受嚮往已久的中國悠久文明。果然他的創作熱情重新燃起，創作出許多重要作品，包括《孔廟大晟樂章》、《為世紀神話的頌歌》、《一宇同光曲》，以及舞劇《香妃》。而對北京日本軍方而言，有了江文也，就像得到一枚高檔的文化棋子，可為其宣傳服務。

江文也在東京停留時間短暫，卻很歡迎臺灣來的消息。所以這一天，學音樂的郭芝苑、學繪畫的黃煥耀、寫詩的李國民和簡聯山，以及仰慕江文也的學生長谷川和夫，一行人興奮

圖6-1 江文也和臺灣學生合影。一九四三年臺灣學生於東京拜訪江文也，郭芝苑為後排左起第一人，前排左起黃耀煥、江文也。

來源：劉美蓮，《江文也傳——音樂與戰爭的迴旋》。

來到江文也家中。他們談音樂，談哲學，談美學，談詩學。江文也大方拿出管弦樂曲手稿，提供郭芝苑研究。

那個夏天，這群臺灣學生藉著暑假和江文也碰面三次，一起彈琴唱歌、逛舊書店，他們眼中的江文也，不僅溫文儒雅，學養廣博，更是既詩意、又熾熱真摯的音樂哲人。他們都深刻體會音樂應該超越國籍，但音樂競賽卻必須區分國籍，身為殖民地臺灣音樂家，也必須以日本籍身分報名，因而彼此都深懂那種無奈。

「前輩會想把名字改為日本名嗎？」郭芝苑問江文也。

「不，無論如何，不會改成日本名！」江文也篤定回答，神情堅毅。

「那……不改日本名，是我們能選擇的嗎？」

江文也沉默一會，長嘆一聲，若有所思地回答：「最近很多朝鮮青年來到內地，也改了日本的姓名。我一想到若是臺灣人也這樣的話，就很感慨。」話語中凝結些許憂傷，餘留著對臺灣前途茫茫的嘆息。

這是一九四三年的夏天，戰火已在不遠的太平洋延燒。他們都不會料到，這個短暫而美麗的夏天過後，江文也將與這群學生、也與東京的妻女永遠離別。九月，江文也向懷孕中的夫人乃ぶ及三個女兒說再見，返回任教的北京。

太平洋戰爭愈打愈烈，美軍開始頻繁轟炸日本，一九四五年三月九日深夜，三百多架轟炸機對著東京投下大量凝固汽油彈，夷平四分之一建築物、近十萬人死亡；五月二十五日美軍再一次大規模轟炸東京，四百七十架轟炸機再毀掉城市一半的建築物，餘燼下的城市彷如死城。

乃ぶ守護四個女兒，四處躲避空襲，並將江文也的手稿、唱片、樂譜、日記、影片，全都藏到防空洞有限的空間裡。生活極度困苦，夫婿音訊全無，乃ぶ四處打工養育四名女兒，也未曾有變賣江文也物品的念頭。最後在娘家資助下，在舊居附近買了勉可容身的房子，殷盼江文也歸來。

而在中國的江文也，不僅難以離開，也身陷苦難滄桑。

那些苦澀或美好的，都灰飛湮滅了

躲避戰爭的音樂家，人生際遇會如何隨勢起伏，已難以預料。太平洋戰爭期間的呂泉生，已活躍於東京樂壇，他在東寶演藝株式會社、東京放送局兩個著名的日本文化機構任職，作品及演出經常登上報刊，頗負名聲，加上殖民地臺灣人的身分，更屬難得。

一九四三年呂泉生因父親病重請假返臺省親半年，再返回東京。不及一個月，就收到父親病逝的噩耗。他沉重對著愛人重子說，「我準備再回臺灣一趟，參加父親的告別式。」「呂君，我們的婚事……啊，不。請君思量，莫急切返臺，現下戰爭激烈，局勢難料。」

呂泉生深知，此去可能短期很難再返回東京，原本與重子之間的愛戀與家族糾葛，更因為烽火戰事，成為無法承受的沉重負荷。

重子是日本大戶出身的獨生女，

圖6-2 呂泉生（中）剛到東京念書時與好友合照

來源：孫芝君，《呂泉生：以歌逐夢的人生》。

呂泉生是殖民地臺灣人。依照日本傳統，呂泉生必須入贅才能成婚。呂泉生為這場婚事裹足不前的原因，即是擔心婚後成為「真正的日本人」，就須如一般日本籍青年，接受徵召從軍、征戰、犧牲！

呂泉生身邊的日本音樂家好友，安川君，諸井君……都陸續接到俗稱「赤紙」的徵召令，呂泉生內心沉痛，一個接一個「歡送」他們上戰場。好幾個夜晚，他們在新宿街頭喝到爛醉，與其說是「慶祝」對方上戰場為帝國效命，不如說是赴死之前的痛飲！

安川君是經常擔任呂泉生伴奏的鋼琴家，性格溫文優雅，尤其擅長蕭邦的曲目。面對著徵召令，酒酣的安川難耐悲傷恐懼，忍不住大聲痛哭。呂泉生試圖講些話來安慰，安川卻爆出一頓怒叱：「你們殖民地人！根本無法瞭解我們的心情！」

原來，戰爭已在內外地音樂家之間，劃下深刻的族群刀痕。東寶樂隊送走一個又一個年輕男音樂家，到最後已無男聲樂歌手可遞補，只剩呂泉生和幾個殖民地來的同事獨撐大局。與友人離別的絕望、與重子苦澀的愛戀，讓呂泉生難以面對。眼前這封家書，反而挪開他悶壓心中的大石頭，稍得一些喘息。

他火速返臺奔父喪，告別式結束後，他對重子、對東京的音樂事業，抱著一絲絲懸念，原想與一位畫家友人同行返日，但此時美國潛水艇已更加密集轟炸日本海上航運，戰爭形勢更顯危厄。在家人力勸下，他打消了出航的念頭，而友人仍依原計畫搭船返日，未料船艦一出基隆港，即觸擊魚雷沉入海底。消息一傳出，呂泉生也不再遲疑，決定留身臺灣，定居臺北。

而稍晚幾個月，郭芝苑就無法離開日本了。

追尋著音樂夢的郭芝苑，努力閃躲戰爭的騷擾。他起初因臺灣學生身分免於徵召，隨著在日臺籍學生也被迫從軍，郭芝苑決定退學，準備從東京回臺灣。但一九四四年首都東京的海上航程因戰火而封鎖，郭芝苑向南避走神戶，四處打聽回臺灣的船班。等了一個月毫無機會。戰火威脅再迫近，郭芝苑又向南疏散到更近臺灣的熊本。這一待，就是一年。

音樂家的戰時，不只為戰爭所累，也為音樂受累。有一次在宿舍裡，熊本的臺灣同鄉聚會，郭芝苑在眾人鼓動下吹奏了幾曲口琴。未料竟惹惱保守的房東太太，以臺灣人嘈雜為由要求搬離，沒想到新房東更討厭音樂，只好再託友人費盡唇舌，才得以搬回原住處。戰爭中由於家裡經濟援助中斷，郭芝苑必須外出打工，甚至到過兵工廠打雜，之後他輾轉到木炭事務所工作，難得遇到有文化素養的上司，願意談論藝術、聆賞他的音樂，知音者彼此相遇，在戰火中足以療癒苦悶。

然而美軍終究還是大肆空襲了熊本，郭芝苑和同事幾度生死交關。這時居住山形市的畫家好友黃耀煥捎來警訊：「請君速速前來，保守安全！」郭芝苑為求活命，反向往日本東北地區疏散，投靠黃家。

郭芝苑需要音樂，即使在戰時。但臺灣人身分的音樂家，卻惹來敏感的房東劇烈的不滿。一回郭芝苑拉著小提琴，房東太太氣憤敲門大罵：「太吵了！太危險了！這怎麼像樣？」

郭芝苑九十度鞠躬致歉：「對不起，失禮了，馬上停止。我只是想練琴，沒有惡意，請見諒。」

房東太太面色嚴肅，直言斥責：「請你明天就離開！」

郭芝苑租不到房子，也找不到工作。中日交戰下的臺灣人身分敏感，兵工廠就算缺工也不能錄用。直到郭芝苑偶然看到「日本興行協會」招收表演藝人的消息，彷彿絕處逢生，馬上備妥行李前去。

他頭戴戰鬥帽，肩上扛背囊，右手抓著小提琴，左手提住內裝三十二支口琴的箱子，應徵進入技藝團。在頻繁的空襲警報裡，郭芝苑的技藝團一面躲空襲，一面巡迴演出慰問勞軍。郭芝苑的音樂夢，被戰爭這麼一攪和，已難料前程，進入技藝團對他而言，如逢浮木，聊勝於無，勉強彌補了殘破的夢想。

命運和機會

殖民地臺灣人音樂家的典範江文也，在一九三六年以一首《臺灣舞曲》獲得國際性音樂獎項，一夕成名，也確立了他的作曲家地位。但日本音樂界刻意漠視江文也的成就，讓他深受排擠。江文也對自己在日本樂壇的處境，有深刻的自我警醒：

> 瘋狂地努力學習，但依然不能感受到身為作曲家的光榮。
> 我無意國內冠亞軍，而志在邁向國際水準。

江文也瞭解，他的音樂競技場不在國內，而是在國際。

江文也作品《臺灣舞曲》八月二日在柏林奧林匹克得獎的消息，東京媒體很快即有所聞，但是日本作曲家唯一在柏林現場的諸井三郎教授，返回東京後卻刻意淡化競賽結果，並聲稱江文也只得到安慰性參加獎，而使獲獎事件成為懸疑，新聞報導也跟著沉寂，甚至江文也自己都半信半疑。諸井三郎內心其實是酸得很，他無法接受這個殖民地小夥子，居然打敗連同自己在內的樂壇眾多大將，成為國際大賽的唯一日本獲獎者。

一個多月後，江文也收到柏林寄來的航運包裹，裡面是裱裝精緻的奧運獎牌，他瞬間狂喜跳了起來！

「《臺灣舞曲》萬歲！」「《臺灣舞曲》萬歲！」他抱起包裹，衝到報社。

隔日《東京日日新報》終於大幅報導這則遲來的大獎新聞！身為二等國民的江文也，仍必須不亢不卑，繼續尋找機會，以實現更高的音樂理想。一九三七年七七事變日軍占領北京後，江文也決定前往北京，另謀發展。

臺灣人在中國伸展才華的羽翼，竟是乘著日本帝國侵略中國的風而來！

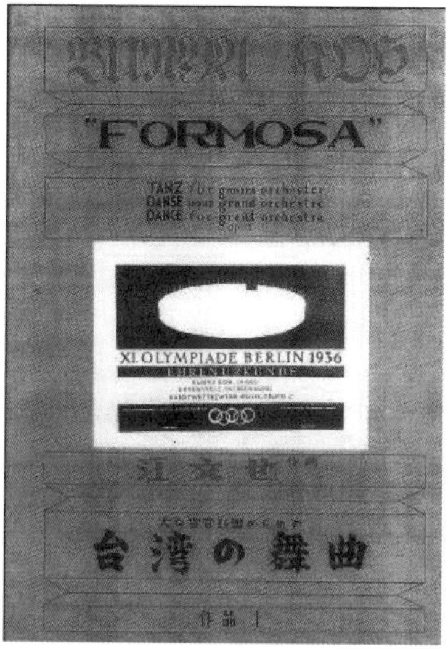

圖6-3《臺灣舞曲》管絃總譜
來源：劉美蓮，《江文也傳——音樂與戰爭的迴旋》。

一九三七年十二月十四日，日本帝國在北京成立「中華民國臨時政府」，統轄平津和華北等地區，任命王克敏為行政委員長。再以維護新政權、建設東亞新秩序為號召，透過「以漢制漢」途徑，策動民間組成政治團體「新民會」，做為「東亞解放新國民運動」的動員機制，以擁戴日軍占領北京後所建立的政權。

對殖民地臺灣人而言，前去日本軍部統治下的中國占領區工作，是機會、也是希望，至少在中國，少了被內地日本人歧視的不愉快。臺灣各行業菁英，實業家、作家、音樂家、藝術家、政治革命者，紛紛帶著夢想踏上中國土地，尤其北京擁有古老文化的豐富性，是藝術創造的絕佳之地，江文也正是在這背景之下，對中國孺慕之情更深，於是也前往北京。

圖6-4《東洋平和の道》宣傳海報

東方文化，如日之光，惠我新民，共圖發揚。
亞洲兄弟，聯盟乃強，惠我新民，振起八荒。

江文也接受北京新民會的邀請，譜寫了〈新民會會歌〉、〈新民會旗歌〉、〈青年歌〉、〈婦女歌〉、〈合作歌〉等等著名曲歌，並為電影《東洋平和の道》（東亞和平之路）做了配樂。

日軍善用中國人最重視的「尊孔重儒」策略，以重現孔子的禮樂思想為號召，啟動最高明的政治手段，當軍部需要一位「樂官」進行文化統治工作時，江文也成了日本皇軍選擇漢人音樂人才的不二人選。

為了宣揚日本皇軍威武，日本軍部在北京設立樂塾，落成典禮當天，全北京樂團應邀參加。而臺灣音樂人的內心，其實未必願意受役於日本帝國，因此表面上，江文也寫歌頌揚日本，實際上，也是不耐於日本帝國號令宣傳「聖戰」的動員指揮。甚至對物價節節上漲的關心，都高過對帝國戰爭的關注。

「帝國和我有什麼關係？還不只是為了混口安穩的飯吃。」

「東京的雜音好令人厭煩吶，麻煩死了！應付應付就好。」[1]

江文也在北京，有東京所欠缺的安寧。他會在夕陽西沉之際，站在千年古都凝視古老的中國皇城，心想誰會再理會那些雜音呢？面對北京的一景一物，仰之彌高，感嘆終能忠實凝視自我，浮現在腦海的，是永恆生命和人類文明的超越。

1 當時憧憬北京的，不只有漢人，日本人對於「支那趣味」也極為嚮往，而前往北京。

戰爭將江文也帶到人生奇異命運的關口。這是江文也創作音樂的新沃土，他甘於反省自己，燃燒自己，直到生命燃毀殆盡。

逃吧！來體驗新世界

「珍珠灣高奏凱歌　帝國海軍奇襲戰術成功　一舉殲滅美太平洋艦隊」

報紙斗大的標題，標記一九四一年十二月八日，將整個日本捲進了激情當中。同日還有一個驚人的斗大標題：

「天皇陛下頒布《宣戰詔敕》」

日本帝國向盟軍宣戰了！十月就任的新首相東條英機，連日透過收音機，呼籲日本國人努力再努力、奮鬥再奮鬥，共同完成一場聖戰。這不再只是「支那事變」，戰爭的新名字為「大東亞戰爭」——為建立亞洲人的亞洲、為驅逐西洋的侵略而打的戰爭。

宣戰的前一年，日本已與德國、義大利結成軸心國，並組成一個支持軍部、協助政府進行統制的「大政翼贊會」，在全日本各地廣設分部，臺北也設「大政翼贊協力會籌備委員會」。隔年一九四一年四月，為呼應日本本國大政翼贊會，臺灣總督府成立「皇民奉公會」，組織深入全島，同樣肩負戰爭體制的國民統合與民眾動員功能。

這時臺灣人對戰爭所悉不多，文藝界多持觀望心態，有些人還天真地認為「戰爭會帶來新能量，改變世界秩序」。動員體制攪動了島內所有的作家、音樂人和藝術家，他們都須響應皇民運動、支持帝國聖戰。

很快，文藝界就感覺情勢不妙，皇民化的規訓如山雨襲來。音樂創作都必須為軍隊服務，臺語唱片禁止播放，曲調被竄改為「時局調」軍歌，以鼓舞軍民士氣，連民間戲曲如〈雪梅思君〉、〈陳三五娘〉等，都要唱成日文軍歌才能演出或灌錄唱片。所有臺語歌謠音樂人幾乎都放棄創作，文學藝術的精神飄搖欲墜，藝術家和音樂家如失去路徑的螻蟻，在來與去之間，抉擇探尋。

相對於江文也隨著戰爭的風到中國尋夢，在日本的臺灣音樂人，多想盡辦法搭船返回臺灣。呂泉生如此，另一位作曲家陳泗治也是。

他們這一趟回歸臺灣的抉擇，影響臺灣音樂教育至深。呂泉生輾轉擔任實踐家專音樂科教授，陳泗治則出任淡江中學校長，畢生推動中學音樂教育。只是兩人一路走來，實在也歷盡滄桑。

一九四三年，三十二歲的陳泗治舉辦返臺後首度新作發表會。此時全島已是戰時警戒狀態，夜間為了防範美軍空襲而嚴格管制燈火。這晚的音樂會，在臺北聖公會大正町教會（今中山基督長老教會）演出，現場所有窗戶都用黑布緊緊遮蔽。漆黑的禮拜堂坐滿了聆聽者，連走道也滿滿，聽眾大部分是日本人。演奏完畢，全場激動大喊：「安可！安可！」

儘管教會音樂禮拜一般並不會喊「安可」，但他們熱情歡迎陳泗治歸來，歡迎美好的音樂在臺灣演出，即使戰爭警戒期間，無情的砲彈隨時可能飛落下來。

圖 6-5 陳泗治年輕時練琴照

來源：卓甫見，《陳泗治：鍵盤上的遊戲》。

戰爭進行曲

戰爭的總體動員，抒情曲調幾乎都轉換為殺戮之歌。

一天，李臨秋實在鬱悶，踱步到已歇業多年的「永樂座」劇院前廣場。他向攤販點了一盤下酒菜，又是獨自一人喝起悶酒。

他想著當年大稻埕臺語歌謠全盛的榮景，臺灣家家戶戶都播著自己作詞的〈望春風〉。但這是一九四〇年代了，這些著名歌曲都改頭換面了。勝利、文聲、博友樂，臺灣一九三〇年代最著知名的幾家唱片公司，都已歇業。最大的古倫美亞唱片，也只能發行軍歌曲盤應景。唱片行一間接一間倒閉，大稻埕豪華的永樂座劇院，也為戰爭時局所迫而關門。

有收音機正在播放〈望春風〉。不，其實只是曲調一樣，名稱已變成〈大地は招く〉（大地的召喚）。本來是鄧雨賢的曲，但舒緩的節奏改換成為進行曲；本來是李臨秋的詞，被霧島昇重填歌詞；至於愛戀的呢喃，更被改為勇士拓墾新殖民地的呼喚。

アジアに狂ふ風も（亞細亞狂吹之寒風）
いつしか止みて仰ぐ陽に（不知何時停止以仰望太陽）
五色の旗も照り映えて（五色之旗亦照映）……
御国に捧げいざ行かん（奉獻予皇國啊去吧）
大地は招く気は勇む（大地之召喚豪氣英勇）

不能不佩服總督府宣傳技法高明，流行歌翻身就能鼓勵從軍。「だいちはまぬく？唉，攏是五四三！」李臨秋搖搖頭，深嘆一口氣。「唉，實在鬱卒！」他飲盡斟滿酒的杯子。

時局如此，殖民地老百姓不想認命又能奈何？這年頭何止是〈望春風〉被竄改而已？鄧雨賢膾炙人口的流行歌謠，還有〈雨夜花〉改為〈譽れの軍夫〉（榮譽的軍夫）、〈月夜愁〉改為〈軍夫の妻〉（軍夫之妻），都是這同樣的命運。

赤い襷に　誉れの軍夫（紅色彩帶下之榮譽軍夫）
うれし僕等は　日本の男（吾等乃日本男兒）
進む敵陣　ひらめく御旗（進攻敵陣搖舉軍旗）
運べ弾丸　続けよ戦友よく（搬運彈藥接續戰友前行）……
君にささげた　男の命（你已獻予天皇之男兒命）
何で惜しかろ　御国の為に（何足惜哉若為皇國）

「唉，抒發弱女子心情的歌，都可以改成戰場上的軍夫！」李臨秋再把斟滿的酒杯一飲而盡。「現下時局這麼差，鄧雨賢君應該更不好過吧！」

李臨秋覺得自己是大稻埕歌人之中最為瀟灑的了，不能寫臺語歌詞，就找實際的活兒幹，進到自動車株式會社工作，戰時還能溫飽一家人。

其他大稻埕的臺語歌夥伴，全被戰爭打亂了人生。作詞的陳達儒下鄉當警察，作曲的蘇桐和陳水柳當起江湖藝人走唱天涯，音樂科班出身的作曲人姚讚福遠去香港討生活。

曾是古倫美亞唱片首席作曲家、以創作臺灣人的歌為職志的鄧雨賢，雖然一心只想做音樂，卻必須配合總督府的動員政策，譜起所謂的「時局歌」，甚至得審度時勢，改名為「東田曉雨」，一些作品則以筆名「唐崎夜雨」發表。他從一九三九年起，新創了諸多日文作品，如〈蕃社の娘〉、〈南の島から〉、〈南の花嫁〉、〈天晴れ荒鷲〉、〈望鄉の月〉，也隨著日本帝國的擴張流行到中國、東南亞戰場。

眼見臺籍青年在日軍的徵募下前往海外戰場，鄧雨賢內心苦悶至極。一九三九年他被迫譜下〈鄉土部隊の勇士から〉（鄉土部隊勇士的來信）一曲，歌詞描寫一位臺灣出生的日本人，置身中國戰場的思鄉之情。之後即辭去古倫美亞唱片公司首席作曲家職務，避居新竹鄉間芎林公學校擔任教職。

戰爭動員下，藝術家創作生命遭受扼殺，猶如屈居深山，困頓終日難以展翅的鳥兒，臺灣音樂人心情的糾葛與抑鬱，鄧雨賢彷彿早已把它藏在一九三五年暗暗譜下的〈昏心鳥〉之中。

阮是山內鳥仔嬰　居在山中非一年
陰沉空氣吹不離　想要幸福斷半絲
古早千金賣一笑　想阮光輝待何時

未演完的那一幕

從東京返回臺北定居的呂泉生，很快也尋見志向相投的文藝界朋友。那天他一如往常，來到大稻埕，聚在山水亭，一夥人談藝論樂。

一進門，就聽見有人高聲問：「各位，看過最近上演的《濱田彌兵衛》嗎？」說到這齣劇，大家議論紛紛，愈說愈激動。這齣戲的故事編得太離譜，現場你一言、我一語，評論戲劇毫不客氣。

「什麼『皇民化』！作賤臺灣人！」

原來總督府主導的「臺灣演劇協會」，把荷蘭時期作惡多端的日籍海盜濱田彌兵衛，塑造成幫臺灣原住民出氣、反抗荷蘭軍隊的英雄，惹來大量負評。

「海賊也能這樣演！當臺灣人是傻子，太瞧不起我們臺灣人了！」

「不如由我們合演一齣戲給他們看，讓日本人知道臺灣人的厲害！」

現場有長於文學的張文環、長於戲劇的林摶秋、長於音樂的呂泉生、長於美術的楊三郎……，個個都是人才。「厚生演劇研究會」就在憤慨的熱烈討論中，在一九四三年四月成立於大稻埕山水亭。

這個剛成立的劇團，決定一口氣推出四齣劇展開公演，四部都是劃時代的本土戲劇經典：《閹雞》、《高砂館》、《地熱》及《從山上看見的街市燈火》。

「我們首演就先來做一齣管弦樂現場伴奏的戲劇，如何？」

在場的人談起戲劇，做音樂的興致也高亢起來。臺灣有優秀的音樂家，理當做得出素質足夠的配樂。最年輕的呂泉生在旁沉思：一個音符都沒有的狀況下，如何把一整齣配樂都「做」出來？實在不容易啊。

「四齣劇都要配樂，排練會太困難，不如大家就選一齣吧！」

「張文環的《閹雞》！」

七嘴八舌的討論之後，張文環的作品在鼓掌間通過。張文環才在一九四三年二月獲頒「皇民奉公會第一回文化賞」，這時人氣正旺，成為大家決定主打的作品，並由呂泉生為這齣改編新劇來配樂。

在臺灣總督府「禁鼓樂」政策下，野臺演出幾乎消聲匿跡。呂泉生到宜蘭、嘉義鄉間採集〈丟丟銅仔〉、〈六月田水〉、〈一隻鳥仔哮救救〉等民謠，到永樂市場蹲點聽取民間藝人的唱腔，記錄〈涼傘曲〉和布袋戲音樂調，再到新舞臺歌仔戲班和藝旦間，得到〈哭調仔〉、〈百家春〉等素材。呂泉生整理這些材料，構成《閹雞》的主要配樂架構。

《閹雞》在永樂座的首演，觀眾座無虛席，四周慣例駐守了幾位神情嚴肅的日本警察。劇情是諷刺男性阿勇無能、女性月里自主的故事，劇中車鼓陣橋段的配樂，呂泉生設計以臺灣民謠呈現，全場觀眾隨之陶然，拍手踏腳跟著音樂打起節奏。

六月田水當底燒，鯽魚仔落水尾會搖。

舞臺設備很齊全，有專用的燈光師，也帶了包括配電盤的整套照明器具。但正當觀眾如癡如醉之際，場中還是斷電了。舞臺瞬間一片漆黑。

「毋通落臺，繼續演！繼續演！」

圖6-6 厚生演劇研究會公演劇目《閹雞》節目單 來源：石婉舜提供

圖6-7《閹雞》第一幕劇照　來源：石婉舜提供

臺下騷動，有人拿出自備的手電筒照向舞臺。全場觀眾仍興奮不已，不願音樂中斷，持續用雙手打著節拍。在如雷掌聲的鼓舞下，《閹雞》首演在黑暗中繼續演下去。

第二天，《閹雞》中那些臺語民謠歌曲就遭到禁唱。而前一個夜晚，呂泉生還沒回到家，臺北北警察署的高等刑事井上先生，已在他家門口等著了。

死亡與新生

為國盡忠無惜命　從軍出門好名聲　右手舉旗左手牽子
我君阿……神佛有靈聖　保庇功勞
——李臨秋詞、姚讚福曲，〈送君曲〉

美國加入戰爭之後，太平洋海上局勢更加緊張，臺灣位居「南進」運輸中繼站的重要戰略地位，因而基隆港每天有大批日軍進出，此時臺灣軍部就必須接應，為各地駐紮的日本皇軍提供勞軍節目。

回到臺灣後的呂泉生，一方面和大稻埕文藝界好友，盡力為臺灣本土音樂尋找可以突破的縫隙；然而另一方面，由於皇民化的戰爭動員，軍方對音樂激勵軍民的需求更增，專修西洋音樂的呂泉生，被臺北放送局請來擔任「音樂囑託」，負責指揮臺北放送合唱團、編寫廣播合唱曲。戰時中若無公務職務保障，隨時可能被徵召為軍夫，呂泉生不想上戰場，於是接受了放送局的職務，成了唯一在臺北放送局任職音樂囑託的臺灣人，故常被日本軍部點名，為軍隊作曲或獻唱勞軍，忙得不可開交。

二十八歲的呂泉生，正值青春年華，未來看似大有前程之際，因此親族和友人紛紛介紹姻緣。一九四四年，儘管戰爭時期大環境拮据，物資管制嚴格，但長輩還是費盡心機，雖買不起純金，但還是湊錢勉強買了一條鍍金的項鍊，也透過黑市購米，請人訂做了六盒糯米糕當聘禮。

訂婚當天一早，呂泉生才整理修容到一半，空襲警報響起，理頭髮的、擦皮鞋的、整理禮服的，都趕緊放下手邊工作，紛紛躲避掩護，訂婚延遲了大半天。而之後的結婚典禮，儘管眾多朋友前來參加婚禮，但擔心空襲警報再度響起，因此儀式進行了二十多分鐘隨即結束。在戰爭之中，人命已不值多少，更遑論終身大事，一切已無法依照願望去安排。婚後隔年，盟軍飛機頻頻來襲，對臺北市及近郊實施疲勞轟炸，百姓疲於奔命，此時呂泉生的妻子蕭美完已身懷六甲，眼見產期一天一天迫近，呂泉生內心負荷更為沉重，預產期那天，他將妻子送到城內公會堂（今中山堂）附近的福田產科醫院。

幾天後，孩子誕生了。但城市卻彷如即將邁向毀滅，空襲更加頻繁。

儘管妻子產後身體極為孱弱，但醫生頻頻催促他們趕快出院，因此時誰也無法預料，炸彈接著會落在何處。於是第三天，呂泉生趕忙帶著初生的嬰兒和虛弱的妻子出院。果不其然，過幾天盟軍飛機就在醫院鄰近密集掃射，四處彈痕累累。為了安全，呂泉生將妻子疏散到臺中神岡老家，而自己卻仍得在戰爭之際，奉令緊守在臺北放送局擔任「音樂囑託」的崗位。

放送局的軍樂服務和勞軍需求益加頻繁，每每一接到軍部命令，呂泉生和好友鋼琴家陳清銀，就得趕到臺北武德殿，一個唱歌，一個彈風琴，即席表演，慰問皇軍。臺北武德殿在臺北植物園內，緊臨日軍司令部，前方廣場也是市民的休憩所。勞軍規模大小不一，若是慰問「傷病將兵」，多有民間資助，會是有聲有色的音樂會；若是一般軍隊餘興，即是簡單的演唱會。

呂泉生和陳清銀的勞軍演唱會，通俗的、藝術的、童謠、民歌，只要聽眾愛聽的他們就唱。

「今天為大家準備的歌曲，是大中寅二的作品……」。

眼前是歷經戰火的關東軍，有些還包紮著負傷的身體，無不渴望心靈的撫慰。呂泉生介紹了曲目，是細膩描述南洋軍旅情緒的〈ラバウル小唄〉（拉包爾小曲）。一如往常，深吸口氣，向伴奏的陳清銀眼神示意，緩緩唱出：

我們是向天空飛去的白色海鳥……

歌詞「白色海鳥」就像是神風特攻隊，向天空飛去，可能就不再復返。歌曲初唱，官兵還試圖正襟危坐。然而淚水終究不能強忍，一旦彼此眼神不經意交會，就是抱頭哭成一團，無法自已。

一九四五年五月三十一日，空襲聲不絕於耳，盟軍大舉在臺北市區轟炸，整個城內砲聲隆隆，呂泉生正好在放送局，與同事倉皇避躲防空壕。這場空襲，距離放送局不遠處的「臺灣總督府」和「皇民奉公會本部」被猛烈轟炸，待警報解除後，儘管呂泉生幸運躲過一劫，但從防空洞裡鑽出來那一剎那，卻被眼前一片斷垣殘壁、哀鳴四起的慘狀震懾不已，在重重煙硝瀰漫之中，傷者悽聲慘烈，亡者血肉模糊，呂泉生趕緊協助救難，費了力把幾位傷患送往臺北帝大附屬醫院，但其中兩人就在運送中，眼睜睜斷了氣，讓他目睹此景，內心更加悲痛哀悽。

那一夜，呂泉生餘悸猶存，想著生離死別，原是緊繫於毫髮之際，戰爭如此殘酷，這次他死裡逃生，但不知在家鄉的妻兒，是否安好？他輾轉難眠。

往後幾個午夜夢迴的夜裡，他在「燈火管制」下，依憑著微弱的小光圈，拿起五線譜，想著妻子，想著稚兒天真無邪的微笑，一面寫，一面哼，寫成了這首日後不斷被傳唱的臺灣經典搖籃曲：

> 嬰仔嬰嬰睏，一暝大一寸；嬰仔嬰嬰惜，一暝大一尺，
> 搖子日落山，抱子金金看，你是我心肝，驚你受風寒。

戰爭到了最末，整個都會區迭遭轟炸，戰火煙硝迷離，而位於市中心表町（今博愛路）的古倫美亞唱片公司，也沒入戰爭烈焰之中，砲彈炸毀了典雅的和洋式三層樓建築物，以及曲譜、樂譜、唱盤，昂貴的三腳鋼琴、留聲機……，熊熊之火把臺灣音樂曾經最美麗的夢土燒融，也湮滅了臺灣流行歌第一個黃金時代。

至於曾引領臺灣流行音樂風華的音樂家鄧雨賢，在他返回新竹鄉下教書後，卻鬱鬱寡

歡，終至成疾。鄉間物資和醫療藥品尤其短缺，最後鄧雨賢撐不過貧病的磨難。一九四四年六月因肺疾接連併發心臟重症，遺下妻子和三個男孩、一個遺腹子，撒手人寰。

終戰曲未終

一九四五年八月十五日中午，跟著東京技藝團流浪演出的郭芝苑，與好幾個團員及街上居民擠在一家洋服店裡，收音機傳來天皇沉重的聲音。

朕堪所難堪，忍所難忍……

街頭的女子紛紛哭泣，男子有的氣憤，有的哀傷，氣氛凝重。洋服店老闆忍淚哽咽，緊握拳頭說：「日本現在男人還很多，大家都一起投入戰場吧！我絕對要去！」

技藝團大提琴手先擠向人群前端，觀望一會又退回人群中間，附在郭芝苑耳邊小聲說：「我們無家無產，誰來管都差不多……。」

田口團長嘆了一聲，語重心長說：「不能戰勝，就早要結束才對。從此日本唯一的前途，是建設文化國。」

身為臺灣人的郭芝苑，卻是滿心歡喜。郭芝苑想著，臺灣將脫離日本統治，成為戰勝國！臺灣即將可以回到「中國」，獲得「溫暖」懷抱！他歸心似箭，期待趕快回到臺灣。

面對田口團長一家人，郭芝苑掩住激動。不過田口團長讀出他的喜形於色，苦心對著郭芝苑說：「日本是輸美國，不是輸支那。」直到離別前夕仍不斷提醒郭芝苑：

> 中國國民政府是腐敗的政權，臺灣人民給它管，也不能得到幸福，我勸告你繼續做日本人，只有在日本的環境下，才能發揮你的理想！

然而此時的郭芝苑，內心為中國戰勝感到無比欣喜，哪裡聽得下。郭芝苑先趕到熊本市，與欣喜若狂的臺灣人相聚，大家喝酒慶祝，為蔣介石乾一杯！

等待航運復原、排程回臺的日子，郭芝苑和很多臺灣同鄉一樣，自動自發，認真學起北京話、學著唱「國歌」，又重新拿出日文版《三民主義》、《建國大綱》，興奮地一讀再讀。

> 爾等臣民用心體悟，朕言語之真諦……

八月十五日中午，臺北放送局全員奉命到齊，擔任電臺音樂囑託的呂泉生，也守在局裡聽著天皇預錄的廣播，待一字一句放送至全島後，他放下心中重擔，卻是百感交集。

戰爭是結束了，臺灣終究回歸中國的懷抱了。全島沉浸在歡樂的氣氛，呂泉生心底卻有點難過著帝國的失敗。他試圖冷靜梳理複雜的思緒，調整矛盾的心情。

「一切只能接受命運安排了！」

他閉上眼睛，深吸一口氣。「不管是輸是贏，這場令人絕望的戰爭，終於結束了！只要結束，就好了。」

呂泉生是放送局唯一的臺灣人，其他同事全是日本籍。局長富田嘉明因此請求呂泉生負責處理國民政府的移交，以及移交前的看管。

他更加忙碌了。

終戰後一週，「幹部校部隊」的星野隊長來到放送局拜訪呂泉生。原來終戰前一個多月，呂泉生曾接到軍方請託為「幹部校部生」寫一首隊歌，並負責教唱。當時沒空的呂泉生將此事一擱，曲子卻在日本投降後還沒寫出來。

「既然戰爭結束了，部隊解散了，寫隊歌也沒必要了。」

呂泉生本想不再理會。結果，星野隊長一見面就很禮貌地說：「這時候麻煩您，實在不應該……。我不想騙這些兵仔，所以請您幫忙。拜託，拜託！」說完，星野隊長整個人幾乎跪了下去。

「部隊何時解散？」呂泉生問。

「大後天。」

呂泉生趕緊把想要丟掉的歌詞找回來，熬夜寫完，再到部隊教唱。

天剛一亮，星野隊長派的車就到了呂泉生家門口，載著他到五股庄的部隊。星野隊長引領呂泉生走進禮堂，兩百多人已經集合完畢，手上都拿著部隊歌的歌詞。

在呂泉生帶領下，兵仔一句一句跟唱。一開始，全場聲音微弱，眾人垂頭喪氣。

「各位，唱大聲一點！……唱大聲一點！……再唱大聲一點！」

星野隊長高聲要求所有人使出全力，歌聲愈來愈響。

「請再大聲一點！拿出精神來！請大聲！大聲一點！」

全場幾乎吶喊，呂泉生受到感染，也跟著大聲吶喊地唱。

曲終，一片靜寂，只見彼此呼吸聲。星野隊長再度下令：「現在，我們從頭再唱一遍，大聲再唱一遍！」

再一次，全場吶喊、嘶吼、極力大聲地唱。曲終，全場又是一片靜寂。

星野隊長最後挺直了身，走到眾人面前，肅穆而鎮定地宣布：「部隊歌發表會到此結束！各位，部隊解散！」

終戰後約一個月，呂泉生收到一件包裹。一封信件夾在裡頭，用毛筆書寫的，字跡非常漂亮，署名「星野大佐」。打開包裹，是臺灣特產的鳳梨罐頭，當時市面根本買不到，只有軍隊才有。

這次戰爭，是日本人做的不夠才失敗，真是對不起大家。離開臺灣前，本來想親自去拜訪你，但沒這時間，我們很快就要被引揚了。……希望你們都能為臺灣努力奮鬥，建設更好的臺灣……。星野大佐。

呂泉生讀畢，悉心將信件折得平整，放進一本裝幀典雅的簿本珍藏。

未盡的尾聲

隔了一年，一九四六年十月，與呂泉生還不相識的郭芝苑，在日本盼了一年多，終於等到可以返回臺灣。郭芝苑心情興奮，背起行李和樂器，從九州漁港搭上開往故鄉臺灣的船，是一艘豪華的美國輪船。船程之間，眾人歡愉不已，郭芝苑也盡興吹著口琴，除了拿手曲〈威廉泰爾進行曲〉外，也吹了日本歌，美國人熱烈鼓掌，直喊安可，於是郭芝苑又為美軍吹了一曲美國歌謠〈喔！蘇珊娜〉，美國人更是高興，拿出巧克力和牛奶相贈，眾人邊吃邊唱歌，快樂無比。此時眼前是藍天碧海，太平洋一片平靜，郭芝苑竟覺得戰爭似乎已很遙遠。

回到臺灣，郭芝苑受邀至呂泉生任職處、由臺北放送局改名經營的「臺灣廣播電臺」演出。兩位素不相識的音樂人，從此一見如故。

當時他們都以為，島嶼上接受日本殖民教育的這一代臺灣人，終於就要結束認同困惑的時代了。

然而現實不從人願。郭芝苑日後每回談起接受日本教育、經歷戰爭動盪的這一代臺灣音樂家，包括他自己，無不為其失落與困頓而嘆。郭芝苑在日後這麼寫著：

> 戰爭之後，我們受日本教育這一代，變成陌生人，而荊棘之路將重新開始。

一九四七年二月二十七日，大稻埕天馬茶房前，因取締私菸而槍殺民眾事件發生時，正在電臺工作的呂泉生，已直覺這將是政治災難的起點。隔日，激憤的民眾聚集在電臺前，人群愈聚愈多，最後衝進了電臺，占領廣播室。情勢失控，動盪沒有結束，災難換了樣子再來。

族群政治的對峙，風聲鶴唳。呂泉生趁夜半無人之際，從書房高處的木櫃抽屜，取出畢生珍藏的物件，裡面還包括一本夾著星野先生毛筆信的典雅簿本。呂泉生默默點燃火苗，先將簿本投入，再將自己親手寫滿日文軍歌的樂譜，一張一張點燃，直至所有樂譜都燒成灰燼為止。

一九三〇年代享譽國際樂壇、留在北京發展的江文也，還沒有餘力檢視自己的認同，就已難逃劫數。戰後他被國民黨政府以「漢奸」名義羈押入獄。不久出獄後，他短暫回到臺灣，正逢全島陷入二二八事件餘波，又低調潛回中國。接著國民政府在一九四九年國共內戰失利，蔣介石帶領中華民國政府輾轉遷移臺灣，從此兩岸對峙，江文也從此再也無緣回臺灣。

原本對中國共產黨充滿期待的江文也，未料他畢生所追尋的中國夢，竟是苦難折磨的開始。中共在一九五七年開始的反右鬥爭，曾為日本做過事的臺灣人，一開始就被列為主要鬥爭對象，擔任中央音樂學院教授的江文也，不但被解職，還被罰每天打掃音樂學院十幾個廁所。一九六六年發起的文化大革命，讓江文也的人生、作品和夢想，一步一步破滅在中國的土地。瘋狂的紅衛兵不斷抄家，江文也被剃光頭，跪在地上向「偉大領袖」請罪，作品也全遭抄滅、禁止演出。

文革期間，江文也和所有音樂學院同事的名字，都被紅衛兵寫成大字報，一一被打為黑五類，在批鬥大會遭受殘忍的誹謗、凌辱與鞭打。文革的瘋狂不容逃離，一九六九年江文也被下放到河北保定，接受勞改，勉強殘喘著性命。他隨著中國文藝界浮沉，一年一運動，三年一折騰，再深的中國感情，也難以承受身心的苦痛。

歷經連續二十一年的批鬥、勞改、羞辱，江文也一九七八年才終於回復名譽。六十八歲的他已經臥病在床，氣若游絲。生命即將邁入盡頭之前，江文也拚了殘命，用力重新作曲。他想譜一首《阿里山的歌聲》，想用管弦樂遙念故鄉臺灣，但拚命工作期間，又舊疾復發，加上醫療失誤、錯服藥物而致全身癱瘓。《阿里山的歌聲》成為他未完的遺願。

江文也生命的最後，在他病床邊的一本日文書裡，還夾著一張小紙條，是他用日文寫下的四段小詩，其內心糾結或豁然，已難以言喻：

島的記憶
朝夕撫摩

是好是壞
島啊，謝謝您！

北回歸線之上
熱帶風的氣漩
一切被吸納進熱點之中

腳踏著島嶼土地
強烈感受愛的支撐
養育我裸身成長的過程
見到玉山的壯麗

颱風呀
強烈暴風雨夾著轟隆的雷電
那天你來的真好
雷電追逐著颱風
令人陶醉

圖6-8 江文也《阿里山的歌聲》遺稿
來源：張己任編，《江文也手稿作品集》。

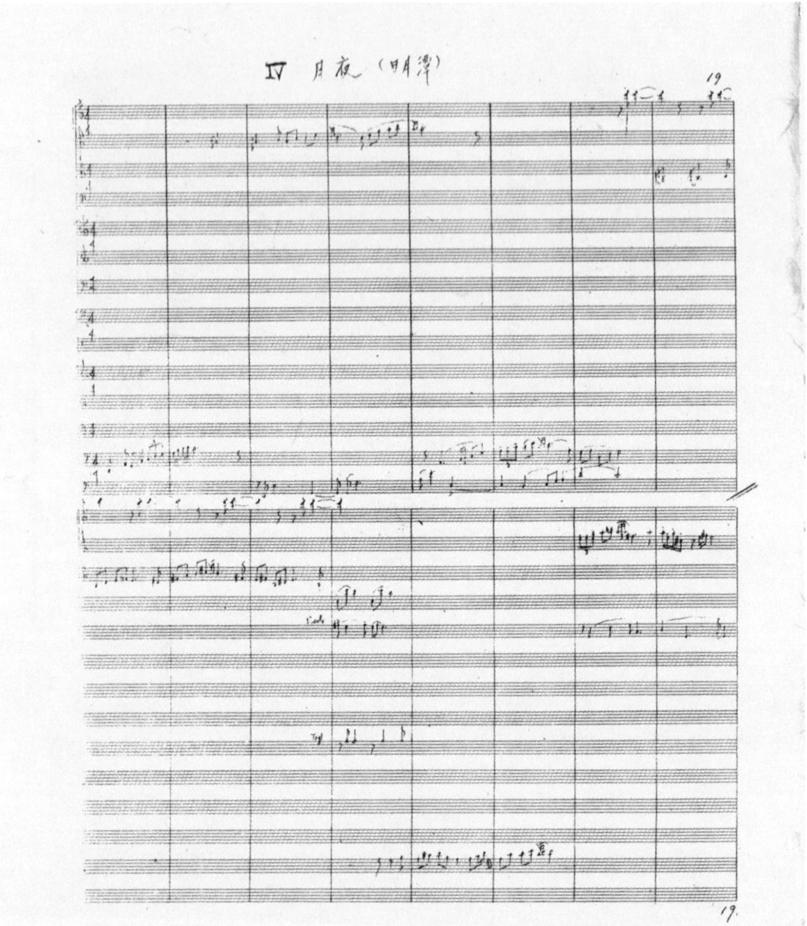
IV 月夜（明潭）
19

參考書目：

王德威（二〇〇七年六月）〈史詩時代的抒情聲音：江文也的音樂與詩歌〉，《臺灣文學研究集刊》三期，頁一—五〇。

石婉舜（二〇〇二）〈一九四三年臺灣「厚生演劇研究會」研究〉。臺北：國立臺灣大學戲劇研究所碩士論文。

吳玲宜（二〇〇二）《郭芝苑——野地的紅薔薇》。臺北：時報文化。

呂泉生（一九九四）《陳泗治紀念專輯作品集》。臺北：臺北縣立文化中心。

卓甫見（二〇〇一）《臺灣音樂哲人——陳泗治》。臺北：望春風文化。

周婉窈（二〇〇五年六月）〈想像的民族風——試論江文也文字作品中的臺灣與中國〉，《國立臺灣大學歷史學報》三五期，頁一二七—一八〇。

林良哲（二〇一六）《悲戀之歌——聆賞姚讚福》。臺中：臺中市政府文化局。

張己任（一九九二）《江文也文字作品集》。臺北：臺北縣立文化中心。

張己任（一九九二）《江文也紀念研討會文集》。臺北：臺北縣立文化中心。

莊永明（二〇一一）《臺灣歌謠．我聽我唱我寫》。臺北：臺北市文獻會。

莊永明（一九九四）《呂泉生的音樂世界》。臺中：臺中縣立文化中心。

郭芝苑、吳玲宜（一九九八）《在野的紅薔薇——郭芝苑的音樂手札》。臺北：大呂。

陳郁秀（二〇〇一）《郭芝苑——沙漠中盛開的紅薔薇》。臺北：時報文化。

陳毓秀、孫芝君（二〇〇五）《呂泉生的音樂人生》。臺北：遠流。

黃信彰（二〇〇九）《李臨秋與望春風的年代》。臺北：臺北市文獻會。

黃惠君（二〇〇六）《雨夜花飄望春風：臺灣歌謠奇才鄧雨賢和他的音樂時代》。臺北：臺北市政府文化局。

楊肇嘉（二〇〇四）《楊肇嘉回憶錄》。臺北：三民書局。

劉美蓮（二〇一六）《江文也傳——音樂與戰爭的迴旋》。臺北：印刻。
鍾肇政（一九九七）《望春風》。臺北：前衛。
韓國鐄等（一九八八）《現代音樂大師——江文也的生平與作品》。臺北：前衛。
顏綠芬（二〇〇八）《臺灣的真情樂章——郭芝苑》。臺北：典藏藝術家。

第三部 外圍

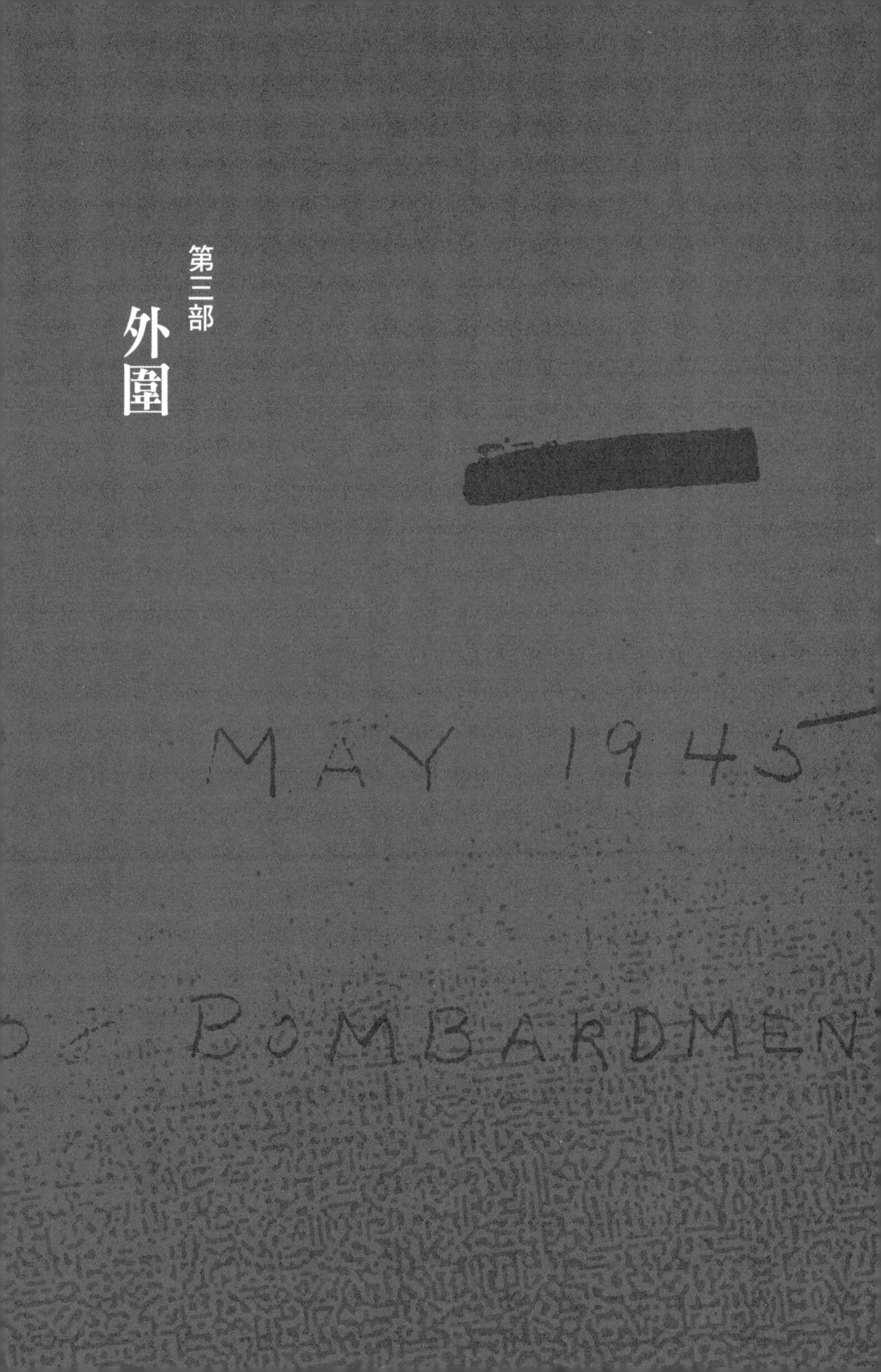

第七章 持續進行的戰爭：政治夢想者的故事

周聖凱

無力的人也總有一天會變成有力吧，就像孩子不會永遠是孩子。想到這樣，我發現戰爭並沒有結束。第二次世界大戰終於結束，拿著槍桿的戰爭總算停止。然而，愛與自私的戰爭都沒有結束。

——邱永漢〈濁水溪〉

國家和國家的對抗，被稱之為戰爭；人民和國家的對抗，被稱之為亂。

一九四七年三月六日，時為臺灣省行政長官的陳儀，發電報給蔣介石：

此次事件發生之原因，相當複雜，其一、去年從海南島歸來臺僑，有不少奸黨分子……其二、留用日人中亦有想趁機擾亂者……其三、日本時代御用士紳及流氓，竟有懷臺灣獨立、國際共管之謬想者……其四，一般民眾缺乏國家意識，易為排斥外省人的思想所惑。

他最後的結論是：「對付奸黨，及希望獨立等叛國運動，必予消滅……為保持臺灣為中華民國的臺灣計，必須迅派得力軍隊來臺。」

第二次大戰結束，臺灣果然還持續著戰爭。左翼、右翼、共產、獨立，那些戰前竭力對抗國家的政治夢，都一起蒙受攻擊。

革命家的十年

一九四一年十二月八日，日軍襲擊珍珠港，大東亞戰爭無可逆轉地啟動了。日本從此進入多線作戰的時期，變成不一樣的日本。

幾天之後，臺灣農民組合的領導人簡吉，入監十年，終於從刑務所走出來，旋即被指派為皇民奉公會的語言教官。他唯一還能夠做的抵抗，就是在往來鳳山老家和高雄州廳的通勤途中，跟警察玩一玩捉迷藏。他或許也會想想以前的戰友四散何方了。有人遠渡中國，例如蔡孝乾；有人經商營生，例如謝雪紅；有人這輩子都不可能走出刑務所，例如他出生入死的好兄弟——趙港。

是一九二八年八月的事情。趙港挨家挨戶登門拜訪、手把手組織起來的臺灣農民組合中壢支部，因為遭到少部分親資的組合員滲透，以臨時大會的程序決議解散。

憤怒難抑的簡吉領著幾個幹部，來在中壢支部事務所，重新掛上農民組合的匾額，但立刻又被警方強制拆下。相持一會兒，趙港竟糾集了兩百多名會員，儼然一支小部隊，殺進派出所的內庭，以拳腳和石頭朝向警察亂鬥，一場混戰引發了頭破血流。

那時候，他們似乎什麼都不懼怕。簡吉可能也以為自己已經覺悟了。

在那之前的兩年，一九二六年七月，慷慨激昂的故事好像適合發生在夏天。臺灣農民組合辛苦籌備之時，日本勞動農民黨的領袖麻生久特別來臺聲援。簡吉、趙港、蔡孝乾陪著麻生久走遍全臺各地宣講。公園、廟埕、車站，即使西北雨來襲，臺下也站了幾百人。戴小圓眼鏡的簡吉，擔任麻生久的日語口譯：

農民對社會的貢獻最大，但身處社會最底層，為了糾正這個情況並恢復農民社會的結構，農民可以加入農民組合，只有透過組合的集體力量，廣大農民才能創造出新農村經濟、改善生活水平。

雨水挾著淚水，那應該就是團結的時刻了吧。

農民組合成立的頭兩年內協助的爭議就有將近四百件。一九二五年至一九二六年之間，臺灣總督府積極推動「官有地拂下（發放官有地）」政策，將國家土地廉價售予退休官吏或是大財團。但所謂的「官有地」，其實是日本統治臺灣之前、清代政府認定的無主荒地。不少未登記產權的農民在這些無主地上耕作維生，稱為「無斷開墾者」。

總督府這回「官有地拂下」的計謀，就是將無斷開墾者的耕地收回國有，再轉賣私人業主營利。這激起了各地農民的憤怒，成為共通的議題。農民組合的幹部，簡吉、趙港等等，一點一點聯絡臺灣各地的農村，累積會員超過三萬人。亮眼的成績，讓他們的路線更為大膽。

圖7-1 騎在牛背上的簡吉
來源：大眾教育基金會

為了抵抗，他們什麼手段能用都用了。有一回，幾名穿制服、背工具的土地測量員要到農田劃立地界，在一群警察的護衛之下走進田間，突然，幾百個農民從附近屋舍不約而同暴衝出來，團團圍住警察和測量員，站上農田高聲吼

圖7-2　一九二七年四月二十日，簡吉（左）至二林農村演講被拘留。
來源：大眾教育基金會

叫：「冤枉啊，搶地啊。冤枉啊，搶地啊。」還有一回是趙港策劃的行動，他安排組合員站在公學校通學必經的田埂，攔住上學的孩童遊說：「你老爸的土地都要沒有了，還上什麼課？」

農民組合的幹部，因為這樣的快閃行動和各地宣講，幾度進出法庭。簡吉面對質問的答覆是：「麻生久多次入獄，他本人也早就有這些覺悟了。」簡吉相信自己該當如是。

臺灣農民運動發展的好壞，緊貼著運動者個別人生的起伏，組織的命運就像是個人的命運。簡吉和趙港，一起討論農民組合的未來，一起動手做了很多事情。

他們對共產黨思想充滿熱情，一九二八年五月謝雪紅在上海組織讀書會被捕羈押返臺、旋即因證據不足被釋放之後，簡吉和趙港兩人就相約拜訪，想瞭解謝雪紅背後代表的「日本共產黨臺灣民族支部」。簡吉和趙港兩人，一起到謝雪紅臺中居所聽她解說世界情勢和共產主義，一起成為臺灣共產黨員，一起在一九二八年十二月底的農民組合第二次全島代表大會，高喊謝雪紅為農民組合擬定的口號「擁護工農祖國蘇維埃」。

簡吉和趙港兩人深信，第三共產國際是對的，唯有階級鬥爭才是正確的道路。然而農民組合幹部、共產黨員及支持的群眾，或許都沒有意識到「大正民主」的承平時代過去了。群眾們以為表面的和平還會長久持續，左翼運動者以為還能用激進手段來對抗國家。

由於簡吉和趙港的衝刺，農民組合的路線快速激進化。來不及取得溫和派及小資產階級會員的信賴，會員已不斷流失，會費收入大幅減少，最後竟連辦公室房租都繳不出來，被房東告上法庭。

一九二九年十一月，臺灣農民組合發了一封信給各支部及所有會員，就為了催收會費，但言詞慷慨激越。

> 在帝國主義戰爭切迫的現下，我們只有兩條路，死或是鬥爭。
> 鬥爭和戰爭是同樣的，沒有軍資我們的鬥爭不能徹底。

從準備戰爭到發動戰爭，要累積非常多的能量和資源，農民組合還沒有能力發動徹底的鬥爭，日本帝國早就準備好了。

日本帝國不停在內地對工人和農人們宣傳：關東軍進占滿洲是一場屬於無產階級的戰爭，是為了讓日本的無產階級去開發新的天地。日本帝國成功地塑造了形象，反對戰爭，就是反對無產階級。反對戰爭的日本共產黨，一下子被標誌為無產階級的敵人、國家的敵人，是政府亟欲清剿的對象。

臺灣共產黨不可能倖存，總督府隨後在一九三一年春天發動大搜查，趙港跳窗而出，跑了兩條街，仍被警察制伏，壓倒在地，前往派出所途中，趙港沿路高聲地吼，「共產主義萬歲，共產主義萬歲」。幾個月後，九一八事變爆發，日本政府愈來愈積極清剿內地和殖民地的共產黨人。簡吉、謝雪紅等左翼分子，一個一個被關進黑暗深牢之中，在山雨欲來的戰爭前面，徹底覆沒。

一九四一年十二月八日，日軍襲擊珍珠港，大東亞戰爭啟動了無可逆轉的命運。日本從此變成不一樣的日本，進入多線作戰的時期。幾天後，臺灣農民組合的領袖簡吉，終於從刑務所走出來，四顧心茫然，左翼在這個社會上早就沒有座位了。運動的記憶、革命的憧憬，比期待戰爭勝利還要更加虛幻。

知識人的遠和近

日本帝國主義肅清了境內各地的共產黨人後，社會運動逐漸湮沒在死水之中。基層人民無力對抗國家，日本帝國主義朝向國家跟國家之間的更全面、更暴力的鬥爭。整個社會，也逐漸要統合成一個戰鬥機器。

不知道如何反抗的市井小民，只能抓緊自己的營生，懂得批判的讀書人，以為有了知識就可以改變個人前途或民族命運，卻在鑲嵌進戰鬥機器的深處之後，只能選擇屈服，或是亡命奔走。

一九四五年四月，一個適合空襲的好日子。彭明敏，東京帝國大學法學部政治科的臺灣留學生，大清早就從長崎車站附近的小旅館走出來，因為有充足的睡眠，豐盛的早餐，他元氣十足地背著小包包，晃到不遠的渡船頭。一艘約四十噸的小輪船，停泊在閃閃發亮有如灑滿碎玻璃的水面。這可能是他幾個月以來，看過最溫暖平和的景色了。

彭明敏登上小輪船，甲板已經聚集不少男女，有人倚著欄杆，有人坐在墊子上，多數年紀稍長，也有幾個小孩子。彭明敏四下觀望，一邊尋找適合休息的地方，一邊遠看波平浪靜的大海。短暫航程的前一刻，他的心情極好。但忽然，彭明敏聽見尖銳的嘯聲，擡起頭，一架飛機俯衝而下，再急角度拉擡機身朝上，大鳥般的黑影裂開天空，巨大的爆音響起，瞬間奪走他所有的知覺。

這是彭明敏赴日的第六年。

彭明敏前後世代的臺灣人，稍微讀過點書的，無不渴慕日本。或再精確點說，他們都想望靠近日本、就能俯身探觸「世界」的輪廓。父親彭清靠在高雄經營醫院的彭明敏，家境比普通臺灣青年高出好幾階。一九三九年，他中學還沒畢業，就轉入兵庫縣的關西學院，然後考取京都的第三高校預科。那時彭明敏成天抱著法國文學，最喜歡的小說家之一是法朗士（Anatole France），一九二一年諾貝爾文學獎得主，作品擅長諷刺社會，也是法國共產黨員。

彭明敏想像法國的同時，日本帝國正不停在擴張想像的國境之南。一九四二年太平洋戰爭進入新的階段，美軍開始反擊日本，東京首度面臨空襲，帝國當局開始研擬全國總動員。

為了不要服役，彭明敏拚命考上東京帝國大學；保有學生身分，似乎能和真實世界隔開一點距離。然而原本文科生可以緩徵的制度，開學不久就宣布取消，殖民地的青年陸續被「邀請」成為志願兵；不願服役者的姓名，統統貼上公布欄。公布欄每少一個名字，彭明敏身邊就少一個人。最後，真的只剩彭明敏一人。

一九四四年初冬，彭明敏慌張住進東京以西、長野縣的松本市。這座著名的古城之都，此時四面環繞著雪白亮麗的高山。但彭明敏並不想走出戶外欣賞，畢竟戰爭期的路上出現年輕男子，難免引人側目。

東京陸續遭到B29轟炸機的投彈襲擊。彭明敏在松本住居，靠著木炭取暖，斷斷續續接收外面的消息，根本讀不下書。高雄的老家也傳來空襲的消息，父親的醫院已焚為廢墟，所幸沒有傷亡，多數的人都疏開到鄉下。然而此後，彭明敏就完全斷絕臺灣親友的音訊。

什麼事都做不了的彭明敏，阻隔了戰爭，也阻隔了世界。他深切感覺生活毫無意義，而且經濟支援也漸無以為繼。寂寞和絕望，在入夏之後像跳蚤一般，一隻一隻欺身靠近，逼著彭明敏動起身子，決定投靠在長崎附近小漁村開診所的大哥。

三十個小時的鐵道，名古屋、大阪、神戶、廣島、八幡，沿途眼見全是破敗的房子、折斷的電桿。一格格的車窗，仿如戰場的幻燈片。此時，日本帝國已經全面從海上撤退，主要的工業城市和港口，也幾乎都遭到美軍的戰機弭平了。

穿越長長的縣境，還是走不出戰爭。一置身長崎，戰爭的痛楚又迎面而來。遭遇空襲的彭明敏漸漸恢復知覺。他張開眼睛，滿身是血，甲板上面全都是血，炸裂的肢體和內臟四處散落，倖存者的哀叫呻吟此起彼落。彭明敏掙扎起身，竟發現左臂從肩膀滑落下來，僅僅連著一點筋肉和皮膚，骨頭完全暴露在外。

他用右手抓著垂懸的左臂，勉力步下渡船頭，走進長崎市區，嘗試要和跑過身邊的人說話。可是每張臉都驚惶尖吼，沒有人搭理他。這一刻，他幾乎和眼前所有人共享同一個命運，但沒有人願意理解他。彭明敏想，「我要死了，而沒有人知道我在這裡。」

這就是世界，這就是戰爭。他是不願為國家從軍的讀書人，他是渴慕知識的理想家，但是砲彈並不認識他。

左翼靜靜的生活

一九三九年九月一日，謝雪紅的三美堂商店在臺中榮町開張。這是她從臺北刑務所釋放出來的第四個月，似是全然不同的生活。

有些事情與一九三一年關進刑務所以前一樣。靜靜的街道還是靜靜的街道，三美堂看顧櫃檯的人，還是一起經營國際書局的愛人楊克煌。臺灣共產黨的舊識，還是經常來光顧。例如文化協會的林西陸、臺灣農民組合的李喬松，偶爾就來串門子，開玩笑說現在已經學會設壇通靈，要請馬克思、列寧出來指點指點。

也有很多事情完全兩樣了。警察來關切時，她不再需要戒慎恐懼，因為三美堂不像國際書局肩負臺共的使命，所以天花板也沒有夾藏祕密紙條。臺共沒有了，臺共的故事不再是祕密。聽楊克煌說，舊臺共的成員，有人去了北京，有人去了上海，而且大部分跑去經商，畢竟做生意比較自由。

他們的思想情感和從前差異不大，一樣是敵我分明。只是不再有從前那種幹革命的勇氣了。只是，只是楊克煌已經結婚了……新娘不是謝雪紅。

謝雪紅對楊克煌說：「過去的事都過去了，只要你我將來還準備要幹革命，我們從前的關係是可以恢復的。」謝雪紅和楊克煌都沒有想放棄搞革命，但在過去和未來之間，生活是難以跨越的一座山。

三美堂開業後沒有多久，隨著日本帝國持續擴張中國的戰場，財政愈漸難以支撐，臺灣總督府頒布敕令規定所有物品的定價都不能擡高，但要真正的全面壓制豈有可能？又設立經濟警察，取締違法漲價和黑市買賣，同時對各種原料和商品進行管制。

謝雪紅一度想進棉布、做裁縫，在三美堂賣童裝。結果沒多久，棉布就成為管制貨品。謝雪紅和楊克煌也開過拖鞋工廠，兩片檳榔葉為底，馬糞紙和林投絲捲一捲當鞋鼻。這種鞋子穿沒多久就會裂開，品質當然不堪；然而在戰時，商品能賣掉就好，他們也不顧慮什麼信用了。

三美堂能做的生意愈來愈少。一九四一年底以來，開拔來臺灣的日本士兵愈來愈多，都是為了適應南洋戰場，而先來臺灣進行「耐熱訓練」。到三美堂購買日用品的士兵，多是基層農家出身，淳樸親切，不會歧視殖民地人。謝雪紅總是抓緊機會和他們聊天，要他們講日本的生活，想勾起他們的思鄉情緒和厭戰思想。

圖7-3 謝雪紅與她開設的三美堂商店
來源：陳芳明，《謝雪紅評傳》。

其中，一個海軍航空隊駕駛兵，名叫大郎，常常半夜開車來三美堂，帶著酒和部隊專用的冰凍豬肉送給他們。大郎總是大口飲酒，談起故鄉事就痛哭流涕，情緒一激動便喊著謝雪紅「媽媽」。

來到三美堂的不只日本兵，還有一張署名「王萬得」的鉛字明信片，喚起過去臺共的恩怨。王萬得是臺共時期的一號人物，和謝雪紅各擁山頭。一九二〇年代末的謝雪紅與楊克煌在大稻埕經營國際書局，親近日本共產黨；王萬得則屬「上大派」，因為他和蘇新等人都是出自上海大學的培養，親近中國共產黨。

一九二九年日本共產黨瓦解，謝雪紅斷了支援，又欠缺基層組織實力，在多方圍攻之下漸漸勢衰，她主張和蔣渭水合作的「聯合陣線」策略，沒辦法取得臺共內部的多數人支持。而屬於少壯派的農民組合成員，例如趙港，也跟著反對謝雪紅的漸進路線，轉而支持王萬得、蘇新等人，在臺共黨內另外新組「改革同盟」。一九三一年年初，王萬得擠下謝雪紅，取而代之成為臺共的委員長。

過去的恩怨，八年後有全新演變。曾是臺共領導人的王萬得，曾組織過印刷廠罷工的王萬得，放在三美堂的這一張明信片印著：「從現在起，我是一個皇民，堅決支持大東亞戰爭、擁護大東亞共榮圈。」

真相為何，無人知曉，但戰爭的高度壓力，顯然衝垮了左翼的希望之窗。一九三三年日本共產黨領袖曾有驚人的「轉向」，突然放棄共產主義而急遽右轉，宣誓服膺天皇、肯定戰爭。臺共成員應該也面臨同樣的高壓吧。王萬得、謝雪紅、簡吉，都曾經表態自己不是共產主義者。無論如何，從刑務所釋放出來之後，他們不論身在何處，都不敢再發出絲毫反抗的聲音了。

一九四一年簡吉也終於獲得釋放，偕同妻子陳何一起回到鳳山老家，旋即由政府分派到皇民奉公會工作。日本官方喜歡宣稱簡吉支持皇民化運動，而簡吉別無選擇。組織動員能力高強的簡吉，受到比任何人都更嚴密的監控。每天上班通勤途中，都有警察跟在背後，此外

圖7-4 簡吉（後排中）出獄後拍攝的全家福，前排左為簡吉的妻子陳何。
來源：大眾教育基金會

還須定期返回監獄報到，與教誨師、典獄長討論佛理、討論道德。

戰爭封鎖了無產階級革命的可能性，國家和國家之間的戰爭，封鎖了人民對統治者發起的抗爭。簡吉不可能再發動抗爭、再發表激進言論，只能低頭隱忍度日。對於獻身革命的人，簡吉、謝雪紅，這段戰爭期，或將是他們這輩子最平和、最閒散的時光了。就算這份平靜只是暫時的防空洞。

終於，三美堂和工廠都經營不下去了。戰爭的空間不再限於戰地，臺灣各都市的鬧區、交通要塞，都籠罩著美軍空襲的危機。謝雪紅和楊克煌決定疏開到臺中的頭汴坑山區。同行的，還有楊克煌的妻子及女兒、幾個無路可去的工人。

初始他們想靠著種植龍眼和香蕉過日子。但是水果需要雇工採收、挑擔下山販賣，扣除成本已賺不了什麼錢。然後他們又在溪邊試種樹薯和水稻，在一畝大的土地上，學著雙腳跪在泥裡插秧除草，學著挑糞便施肥。他們還把三美堂沒賣掉的商品拿出來，和附近農人交換食物。他們也養過兩頭豬，以及一些雞鴨兔。但人都吃不太飽了，何有飼料餵養牲畜。因此常常還沒養大就往生。

即使遠在頭汴坑，還是常在天空看見美國戰機。謝雪紅發覺，日軍飛機這時好像已經不再升空了，改在地面發射高射砲，不過準確率也很低。日軍偶爾會打中一架，然後派出幾千名軍警，甚至動員地方的保甲、壯丁、高山族，用力搜遍山區找美國戰機。

美國飛機其實未必都來轟炸，他們的任務有些是散發傳單。傳單都是印製精美，紙張很厚很光滑，技術遠遠超越全臺灣所有的紙廠。謝雪紅和楊克煌撿起那些報導《開羅宣言》的傳單，完全不知道邱吉爾是誰、羅斯福是什麼人，但是已經明白，如果日本投降，臺灣就要歸還中國。

一九四五年八月十六日，終戰日的隔天，終於有人從臺中市區來到頭汴坑傳遞日本投降的消息。被戰爭壓抑的左翼運動，看來就要鬆一口氣了。兩天後，謝雪紅和楊克煌下山，再度投身政治工作，準備投入真正屬於他們自己的戰爭，共產黨人對統治階級的戰爭。

他們準備要愛的時代

一九四四年夏天，空襲砲彈如陣雨，大量落到日本帝國本土，愈來愈密集。天上降下來的東西愈多，像是為了維持某種平衡般，地面上消失的東西就愈多，金錢能夠交換的東西就愈少。就讀東京帝國大學文學部支那哲文學科的大學生王育德，陸續收到家中來信，說知道東京物資短缺，所以寄來砂糖，方便以物易物。但是，除了薄薄一張紙，王育德什麼都沒看見。砂糖的包裹，似乎直接從固體蒸發成了熱氣。

王育德沒有一頓飯真的飽足，這是他在臺灣完全無法想像的日子。在大學文學部的教室，王育德也深切感覺到教授的焦慮。他們在課間不時流露對糧食緊縮和南方戰況的焦心，即使勉強有幾句激勵人心的空話，也根本無法埋首在純文學的世界。

但是真正讓王育德恐慌的，是自己的外地人身分。王育德小時候聽說一九二三年關東大地震後的經濟混亂，激化人與人的矛盾，日本人藉口殺掉不少貧窮的朝鮮人。王育德十分不安，害怕日本人分不清朝鮮人或臺灣人。他趕忙和任職京都地檢處的檢察官哥哥王育霖討論，決定不能兩個人都死在日本，要將危險性一分為二，一人返臺，一人在內地，王育德心中充滿要死就死在故鄉的悲壯感，決定渡海返臺。

王育德的本家，原是臺南以菸絲致富的著名商號。但因一九四二年日本政府通過《企業整備令》成立日本人主導的工會，王家頓時家道中落。為了賺取家用，中斷學業後的王育德不能再做文學夢。他進入嘉義市役所庶務課工作，成為日本帝國的行政人員。

這一天來到。一九四五年八月十五日中午，王育德與幾百個職員一起集合在市役所講堂，每個人都穿著黑色制服，在石棉屋頂和水泥地板之間，循環著微酸的體臭。講臺前方，天皇玉照下面的收音機，艱難地發出噠、噠、噠與嘎、嘎、嘎的聲音。這應該是在場的所有人，第一次聽見天皇的聲音。王育德的長官滿頭大汗地蹲在收音機旁邊，小心翼翼地微調頻道，結果聲音跟聲音的間隔只是愈拖愈長、愈拖愈長。

天皇究竟在說什麼？王育德聽身旁有人拼湊出意義，說是皇軍要跟露西亞（俄羅斯）開戰了。王育德不敢相信，內心充滿語言難以傳遞的抑鬱。

而此刻遠在長崎靜養的彭明敏，站在小漁村的街道，聽懂了廣播中聲調高亢的天皇玉音，內心無限激動，日本無條件投降了，戰亂的時代結束了。

而再來的會是什麼日子呢？日本小漁村的婦女原本都說準備登陸的美軍是魔鬼跟野獸，把竹子削尖成竹矛，當作武器，還想要抵抗。但是終戰之後，好奇的小孩們站在路邊圍觀各種膚色的美國大兵進村，看著前所未見的吉普車，美國大兵竟然伸手遞來了糖果。傳奇的故事愈說愈多，日本人對美軍的態度也漸漸變得友善。彭明敏心想，能夠如此對待征服者，簡直難以置信。更不可思議的是，他發現自己面對美國大兵，竟然可以公開而傲然地說出：「我不是日本人，我是臺灣人。」

彭明敏一邊見證日本的轉變，一邊每天查閱報紙，想知道臺灣的狀況。但日本這裡好像全然遺忘了這件事，臺灣的現在與將來，找不到隻字片語。終於在夏天最末，彭明敏看到一則遲來的臺灣消息。國民政府準備正式接收臺灣，蔣介石任命陳儀為臺灣省行政長官、黃朝琴為第一任臺北市長。彭明敏雖然還不知道現在臺灣的樣子，但他想，該是時候下決定了。

臺灣正在緩緩恢復元氣。疏開鄉下的人陸續復返市區，領著牛車進城，街道再度熱鬧起來。終戰之後，沒有了配給管制，但不要以為臺灣的物產豐沛一如昔日，其實仍貧困得可憐。

王育德的父親以為是經商的好時機，喜孜孜變賣囤積的鹽、糖等民生物資。利潤果然不斷飆高，今天可賺三十錢，明天就能賺五十錢。王育德隱隱覺得危險，傻傻地問父親，「阿爹，過陣子再賣如何呢？」父親會錯了意，回答說，「不行，做人不可以太過貪心。一斤糖可以賺五十錢，這也是從未有過的事啊。」

沒幾日國民政府果然公告：禁止囤積物資，違者嚴厲懲罰。市面爆發前所未見的通貨膨脹，王育德的父親慌張不已，完全放棄對抗。王育德的父親大概這輩子都不會理解，為什麼在戰爭時期為了穩定大家族的生活，囤積起來的米和糖，最後反而讓他成為被批判、被攻擊的對象。

就在王育德的父親及許多臺灣人慌亂之際，一九四六年初，彭明敏、王育霖等海外臺籍菁英，愈來愈多渡海歸來。他們都知道新時代就要到來，他們都覺得自己應該為這座島做出改變，他們都相信自己遠渡日本、靠近世界而培養出來的能力跟智識可以為這座島做出貢獻，他們都以為這將是一個他們準備要愛的時代，日本帝國走了，時代的舞臺就會是他們的。

沒有人洞見的是，時代可以如此之長，也可以如此之短。

戰後竟是革命前夕

那竟是革命前夕。天皇玉音放送全臺灣以後，總督府不再能進行高壓統治，曾經嚴格監管的社會運動者，望著浮動時局，準備跳上檯面大顯身手。

先前的臺灣共產黨宣傳部長蘇新，已經成了左翼刊物《人民導報》總編輯。一九四六年六月六日，蘇新正在印刷廠，報社員工氣喘吁吁跑來，高呼有人來見。蘇新轉身一看，竟是簡吉，碰面就是一句：「老蘇，高雄的農民又起來了。」

這時的簡吉，是三民主義青年團高雄分團的副團長。三青團，是國民黨的外圍組織，團長是蔣介石，主要幹部為陳誠、康澤，歸南京政府指揮。戰後國民黨派軍統局特務人員在臺籌組三青團，是為了協助國民政府接收、控制臺灣，當時臺灣人對三青團的屬性和真正目的一無所知，眾人天真歡迎祖國，地方自行推舉各種人士加入，左中右派的都有。

這時的三青團，竟成了日治臺灣社會運動勢力的重新集結，很多舊臺共成員都卡進了領導位置。不只簡吉是高雄分團副團長，蘇新自己也是臺北分團成員。

但是過幾個月，國民政府接管勢力逐漸進入臺灣，迅即與本土的臺灣三青團發生大大小小的摩擦，何況是簡吉。這回簡吉特地遠從高雄來找蘇新，是想再次挺身幫助受壓迫的農民出氣。

農民組合在高雄大港村的一名成員莊垂火，在地主蔡湖底下做佃農。蔡湖有田有地又有錢，甚至養了私人武裝部隊，白話來說就是流氓。這年蔡湖眼見莊垂火大豐收，要求莊垂火多繳田租。莊垂火自認定時定額交租，因而拒絕多繳，結果遭到蔡湖手下流氓痛打一頓，勸架的鄰居也遭殃，稻穀也被強行收割。

大港村農民群情激憤，幾百個人圍著蔡湖家門要討公道。良民團結的拳頭，力量勝過了流氓。但是看到農民來這一招，蔡湖更高一籌，他串聯附近地主，賄賂官員和警察，以武裝抗租為由殺到莊垂火家門，對空開槍示威。子彈頭硬過肉拳頭，一口氣抓了二、三十人。

本來是地主打佃農，升級為地主夥同警察和官員打佃農。佃農於是找上簡吉，簡吉再找上蘇新，要將這起大港村農民抗租事件公諸天下。蘇新一聽，立刻派記者隨簡吉南下調查。這名記者，就是後來成為共產黨人的小說家呂赫若。

幾天後，《人民導報》的頭版新聞出現一大篇調查報導，標題是「日治時代之暗影又重演於今日：高雄警察壓迫農民，警察為地主走狗與日人時代無異」。

簡吉、蘇新、呂赫若，讓臺灣人清楚看見，不只日本人欺負臺灣人、中國人欺負臺灣人，臺灣人一樣欺負臺灣人。國家機器跟壓迫階級的結合是不分民族、更不分時代的。

民兵革命的末路

戰爭壓抑的左翼運動能量，在戰後乘著人民的憤怒，紛紛準備揚起。謝雪紅從頭汴坑下山以後，與楊克煌一起寄居在弟弟開設的大華酒家樓上。他們很快成立人民協會，一方面集結舊臺共及農民組合的成員，並祕密聯繫中國共產黨；一方面展開群眾教育，並與國民黨官員、地方士紳如林獻堂、小知識分子如楊逵等人周旋。大概沒有人料想到，眼前穿著絲綢旗袍、戴著金鍊銀戒的謝雪紅，竟在大華酒家的榻榻米下面，藏著成堆的廢銅和舊銅板，準備將來生產彈藥。

國民政府接收臺灣沒多久，就對中國共產黨發動內戰，不停地從臺灣輸出米、糖等各種物資去中國。但是現在的臺灣像隻皮包骨的瘦皮猴，根本擠不出油水，再擰就要出血了。通貨膨脹愈來愈嚴重，饑荒愈來愈嚴重，大臺北地區甚至沒有米可以買，有錢都只能喝番薯湯。群眾自發性圍著政府抗議，軍民對峙更惹怨氣。楊克煌的堂哥只是個泥水匠，一看見士兵要開槍示威，就跳上前把槍枝拉下來。類似的衝突層出不窮，謝雪紅和中國共產黨臺灣省工作委員會（省工委）派來潛伏的常務委員張志忠，都有感覺臺灣遲早要暴動。

一九四七年二二八事件發生後，臺灣各地逐漸失控。抗議群眾在行政長官公署前面被機槍掃射的消息，如水流一般傳遍大街小巷，各地隨之發生暴動。死在最前面的，都是歷史上籍籍無名的人，素有聲望者，都在思索應該用什麼態度面對國民政府。臺中地區士紳成立了時局處理委員會，要跟國軍談和，期望群眾解散，想用協商的方式解決問題。謝雪紅和楊克煌則選擇了左翼激進路線，他們組織一個「作戰本部」募集民軍，也就是二七部隊的前身。

說是民軍，其實也不完全是素人。日治時期臺灣讀過中學以上的男子，沒有不受過軍事訓練的，很多人甚至真的到過南洋，有過戰場經驗。一隊隊武裝青年，以從前被日軍派赴各地時的隊友為基礎自發地組織起來，背著從軍營抄來的手槍、手榴彈，自稱「馬來亞治安隊」、「新加坡治安隊」，有的甚至還會穿上日本兵制服和長筒皮鞋，腰間再繫上一把武士刀，說日語，踢正步。國民政府軍隊看到他們，一時還以為日本鬼子殺來，跑進臺中市教化會館裡面躲藏。

三月三日黃昏，謝雪紅和一眾武裝青年圍住教化會館。臺中市區正下著大雨，因為暴動而斷電，一盞燈都沒亮，暗昧中不停響起機槍、爆炸的聲音，人民的憤怒跟著數以萬計的水滴，一團一團撞著教化會館的外牆，但面對國軍倚著房子居高臨下的守勢，民兵久攻不入。訓練有素的民兵，決定澆上汽油，投出手榴彈……。碰！竟然沒有燒起來，原來這軍營來的汽油桶早就被偷油換水變賣精光。民兵怒極，找來真正的汽油，灌進消防車的水管，架高，噴射。國軍探頭一看是真的抵擋不住了，兩百個士兵、三百個家眷統統走出來投降。

一夜之間，民兵就占領臺中市所有黨政軍警機關，謝雪紅、楊克煌打算仿效馬克思稱許的巴黎公社，籌備成立人民政府。

這儼然是真的戰爭了。但決定勝負的其實在戰場之外，資源的盤點、組織的動員，謝雪紅這場倉卒的革命，完全準備不足，甚至連組織內部都懷疑。三月四日下午，謝雪紅的臺共舊友李喬松前來拜訪，帶來省工委的第一個指示：

武裝鬥爭已基本結束了，要進入政治鬥爭的階段，如我們再掌握武裝鬥爭的領導權，這對於團結各階層人士、搞好統一戰線的工作不利；而且，要做公開的政治鬥爭除了你們兩人可以出面以外，沒有適當的人可以做。

李喬松代轉決議，要二人將部隊指揮權交給時局處理委員會。李喬松流著淚說，「這是蔡孝乾的命令。」

蔡孝乾是臺共成立之初的核心幹部，但面對日共跟臺共遭到大肅清，他選擇遠遁中國，而被謝雪紅開除黨籍，結下了梁子。然而蔡孝乾是跟隨毛澤東走過二萬五千里長征唯一的臺籍成員，後來因此站上中共高位，和張志忠一樣是省工委的領導人。

謝雪紅不能違背上級的指導，然而更不可能有空間和時間對時局處理委員會進行實質的鬥爭。三月八日，國軍從基隆登陸，一個星期就抵達豐原地區。不想放棄武裝抗爭的民兵，跟著謝雪紅轉進埔里，準備展開山地游擊戰。三月十四日，蔡孝乾再度傳來命令，「黨員立即停止一切活動，隱蔽起來，以保全組織的力量。」

謝雪紅不願繼續相信蔡孝乾，但也不願違抗省工委代表的中共黨中央，於是她決定南下，尋求與正在領導「臺灣自治聯軍」的張志忠及簡吉的合作。

其他非共產黨員民兵目睹謝雪紅做了這個決斷，無疑覺得被拋棄了。這些剩下的民兵繼續和國軍游擊作戰，撤入更深的山裡。身邊的人逐漸倒下，山村居民對著還存活的二七部隊民兵說：我們會把他們安葬好，等你們回來帶走他們。

二七部隊沒有回來。左翼民兵革命成空。謝雪紅和楊克煌在動亂中未能與張志忠會合，於是在五月偷渡香港，成立「臺灣民主自治同盟」，期待日後解放臺灣。結果他們這輩子都沒有再踏進臺灣的土地一步。

圖7-5 謝雪紅（左一）受邀出席中華人民共和國開國大典　來源：Wikimedia Commons

謝雪紅、楊克煌、王萬得、蘇新等舊臺共黨人紛紛出走中國，簡吉、張志忠選擇潛伏山野、隱遁深林，像個游擊隊般明知不可為而為之地和國民政府對抗著，蔡孝乾奉中共指導繼續負責在臺最高層級的組織工作。左翼分子間的聯繫，都像微弱的蜘蛛之絲繫著蔡孝乾一個人，以為只有縱向聯繫、減除橫向聯繫，就能降低被全盤剿覆的危險性。然而三年後，蔡孝乾被捕，英雄末路，為活命供出所有祕密活動的同志名單，簡吉、張志忠被交付槍決，血濺馬場町。

日治時期的左翼運動，二二八事件的階級鬥爭精神，從此像燒焦的種子被埋入黑暗深處，再難開出花朵。

不能做的獨立夢理想

一九四六年初，二戰已告終結，旅外各地的臺籍菁英紛紛渡海返臺，對他們來說，臺灣的未來好像已經有一條明確的道路，是他們可以鋪陳理想的道路，不需要再被日本人指使，可以用他們經年累月汲取的現代化知識，為臺灣開創新的體制、開創更光明美好的未來。

在這群人之中，王育德的哥哥王育霖，可以說是其中特別傑出的一個，他是日治時期第一位臺灣人檢察官，自然備受器重，調赴新竹時，每一個交辦給王育霖的案子都是大案子。

在那個社會體制面臨崩解、通貨膨脹極端嚴重的年代，王育霖最常辦理的就是走私和貪汙，每一個案子都是社會結構的病徵，背後充滿關說和暴力，面對笑嘻嘻抱著紅包來他們家走動的人，王育霖大吼：「給我帶回去，不然我通通扔出去。」面對舉槍恐嚇他的警察，王育霖一樣不為所動。勤練空手道的王育霖，還會對妻子說：「我們當檢察官的，要鍛鍊身體，判流氓的罪判重了，萬一他來尋仇，我們要有能力保護自己。」

這就是想靠一己之力來改革社會的王育霖。然而空手道再強，面對槍枝、面對強權能有什麼用呢。

一九四六年五月，空軍第二十六地勤中隊把日軍留下的軍糧，像是乾麵包、罐頭等各種食物，移交新竹市政府，規定要分發給貧民和學校員生，結果竟然出現在買賣市場上。問題自然直指新竹市政府。王育霖奉命調查，屢傳各級官員都不到，新竹市長郭紹宗甚至放話，「如果你敢起訴，你會後悔。」王育霖毫不退卻，於八月九日領著憲兵、法警和書記官一隊人馬，長驅直入市府大樓，要逼郭紹宗等人接受調查。沒想到郭紹宗直接動用警力，反過來包圍王育霖，趁亂將王育霖手中的搜索令跟資料卷宗全部搶走。

眼看這個案子完全辦不下去，在黑暗的官場毫無可能性，王育霖憤而離職，移居臺北，準備申請律師執照，想用其他方式實際延續法學知識。

就在律師執照發下以前，二二八事件爆發了。一九四七年二月二十七日，王育霖正在大稻埕山水亭和幾個朋友飲酒聊天，發現外面滿是因為私菸誤殺事件而出門抗議的人。王育霖察看情勢，寄信告訴弟弟王育德，「這一定會發展成大規模的政治鬥爭，我們的時代似乎提早來到了。我們要振奮起來。不過我沒有接觸這場暴動，請安心。」

私菸誤殺的消息引來全臺暴動。身在臺南的王育德，來到大正公園探看情況。附近的市政機關，全被市民占領，許多人興奮在街頭遊走，用臺語和日語交雜喊著「自由平等」、「打倒貪官汙吏」，一邊傳唱著日本軍歌。

哥哥王育霖的長信，就在這般高亢緊張的氛圍下寄到王育德手中。然而比「我們的時代」更早來到的是兩個國軍師團。三月十一日近午，如常到臺南一中教書的王育德，發現學生莫名吵嚷起來，有人慌張抓起書包要走，有人亂無頭緒在走廊奔跑，王育德衝出教師室，順著學生所指的方位，發現國軍部隊在後門馬路上朝著學校走來。王育德在廊道上驚恐奔走，死命地吼：「大家進到教室裡，躲到柱子後面，絕對不要把頭伸出來。」

幸好國軍沒有闖入學校，只是路過而已。幾天後，國軍闖入王育德的臺南家門，用機關槍指著他的父親：「帶我們到房間去。」王育德的父親覺得疑惑，偌大個家族、這麼多房間，指的是誰的房間？王育德曾經發表戲劇《青年之路》，舞臺右半邊是一名從海南島復員歸來的臺籍日本兵，因為不堪中國人凌虐而憤恨地說：「什麼同胞，這是對同胞的做法嗎？」舞臺左半邊是一群小學孩童以純真歌聲唱著：「臺灣今日慶昇平，仰首青天白日清，六百萬民同快樂，壺漿簞食表歡迎。」

但軍隊不是來抓弟弟王育德。他們要找的人是哥哥王育霖。四、五個便衣隊和士兵闖進王育霖臺北的租屋處，把所有房客集中起來，帶頭的軍官語氣尖銳地問說：「誰是王育霖？」王育霖搖搖頭，妻子陳仙槎趕緊站出來說：「這裡沒有這個人」。軍隊不信，一把抓住身旁男子，翻開衣襟，胸前端端正正繡著「王育霖。」

王育霖就此人間蒸發。王育德遠遁日本，投入廖文毅、邱永漢組成的「臺灣共和國臨時政府」，並開始在東京大學研究臺灣語言，成為臺獨運動的理論大師，終生未再返臺。

二二八事件啟迪同時隱匿了一代人的「臺灣民族意識」。一九五三年邱永漢幽幽透過文

圖7-6 王育德（左一）、王育霖（左二）在二二八事件前的家族合影，中坐者為父親王汝禎。
來源：國立臺灣歷史博物館

圖7-7 王家在二二八事件後的家族合影。王育霖被捕失蹤、王育德逃離臺灣，皆不在照片中。
來源：國立臺灣歷史博物館

學小說〈客死〉，藉由主角謝萬傳說出，「來世絕不要生在殖民地，再貧窮的小國也罷，要生在擁有自己的政府的國家。那麼，你就不用為政治操心了。」

常孤懸海外的臺獨運動者，似乎想像著，只要擁有自己的國家就能解決所有問題。他們不像左翼黨人以無產階級專政為目標而反對國家的體制本身，甚至認為連同中國共產黨在內的左翼思想都是外來的敵人。王育德的《臺灣獨立的歷史波動》裡就論述，臺獨爭取自由和民主的意義，也包括必須防堵中國共產黨代表的共產主義。

一九六四年，王育德出版《臺灣：苦悶的歷史》，這是第一部有關臺灣史的通俗著作。同年九月，被國民黨培養成臺大政治系教授的彭明敏，與學生謝聰敏、魏廷朝聯名發表〈臺灣自救運動宣言〉，主張臺灣應該以新國家的身分進入聯合國。好像只要有自己的國家就能解決所有問題般，繼續影響下一代人對「國家正常化」的渴望。

王育霖的妻子曾經問王育德，「你是為了你哥哥嗎？如果是，我擔當不起。」

王育德這麼答覆，「我不是為他，我是為我自己的理想。」

參考書目：

小林多喜二著、高詹燦譯（二〇一三）〈黨生活者〉，收入《蟹工船》。臺北：大牌。
太宰治著、陳系美譯（二〇一六）〈東京來信〉，收入《小說燈籠：冷冽中的溫暖組曲，太宰治浪漫小說集》。臺北：大牌。
王克雄、王克紹編（二〇一七）《期待明天的人：二二八消失的檢察官王育霖》。臺北：遠足。
王育德著、吳瑞雲譯（二〇〇二）《王育德自傳：出生至二二八後脫出臺灣》。臺北：前衛。
古瑞雲（二〇〇九）《臺中的風雷：跟謝雪紅在一起的日子》。臺北：人間。
邱永漢著、朱佩蘭譯（一九九五）《濁水溪》。臺北：允晨。
許進發編（二〇〇八）《簡吉案史料彙編》。臺北：國史館。
陳芳明（二〇〇九）《謝雪紅評傳》。臺北：麥田。
陳翠蓮（二〇一七）《重構二二八：美中體制、中國統治模式與臺灣》。臺北：衛城。
彭明敏（一九九五）《自由的滋味》。臺北：前衛。
楊克煌著、楊翠華整理（二〇〇五）《我的回憶》。臺北：楊翠華。
楊渡（二〇一四）《簡吉：臺灣農民運動史詩》。臺北：南方家園。
蔡石山（二〇一二）《滄桑十年：簡吉與臺灣農民運動，一九二四—一九三四》。臺北：遠流。
蔡石山著、黃中憲譯（二〇一七）《臺灣農民運動與土地改革，一九二四—一九五一》。臺北：聯經。
謝雪紅口述、楊克煌筆錄、楊翠華編著（二〇〇四）《我的半生記》。臺北：楊翠華。
韓嘉玲（一九九七）《播種集：日據時期臺灣農民運動人物誌》。臺北：簡吉陳何文教基金會。

第八章 沒有戰爭的戰爭：在臺日本人的故事

蕭智帆

歸島

南方是／光之源／給我們／秩序與／歡喜與／華麗

甲板上，剛從早稻田大學法文科畢業的男子西川滿，默默咀嚼這段來自詩人吉江喬松老師的贈詩。輪船波波推進，原本一望無際的海，悄悄地浮現一抹淡綠色的海平線。

一九三三年五月，日本殖民臺灣的第三十九年，西川滿再次歸來。

「為地方主義文學奉獻一生吧！」詩人老師吉江喬松畢業前夕給他的這一句話，言猶在耳地不斷響起。這是二十六歲的西川滿，大學畢業後決定回到臺灣的因素之一。

臺灣又來到眼前，等待進入基隆港的時刻，他感覺到自己的心脈重新跳動，藏在皮鞋裡的腳趾頭忍不住偷偷地敲打節拍，特別在輪船入港後，連空氣都熟悉了起來——這是南方特有的味道，臺灣的味道。

一九〇八年出生於日本福島縣的西川滿，三歲因為父親西川純的調職而來到臺灣。他的文學人生早慧，童真的視角看見在地人看不見的地方風景，而這種早慧很早便透過寫作嶄露頭角，而且喜歡寫臺灣。

這種喜歡至少要溯回到一九二〇年。十二歲的西川滿家住臺北市大和町，大約是今天的延平北路。每每來回臺北一中（建國中學前身）上下學的路程，沿途除了瀏覽臺灣銀行、總督府這些具現代性的新式建築，他更喜歡穿過北門、轉入京町那一段，穿梭在臺灣傳統的「亭仔腳」，挑戰無間斷行走在陰影裡的遊戲。而總能抓到西川滿目光的，往往是廟會、七爺八爺和豔麗花車，耳朵聆記著南北管和鑼鼓，鼻子也是直衝腦門的香火，他自稱那是無法抗拒的重層感受。

這位處處留心臺灣風土的文學少年，十五歲就寫了一篇臺味十足的〈豬〉投稿到《臺灣新聞》，並當選新年文藝徵文一等獎。而後的一九二八年，他離開臺灣前往內地早稻田大學攻讀法文科，直到一九三三年，離開臺灣五年的西川滿重返故地，隔年進入《臺灣日日新報》主編文藝版，同年九月創辦「媽祖書房」，發行《媽祖》雜誌。藉此表達他以文學關心臺灣的情懷。

然而，遠方戰場的槍聲早在兩年前響起。此時以文學做為職志的西川滿再度歸來，但他所熱愛的臺灣，正以一種山雨欲來的姿態，準備陷入戰爭的腥風血雨。只是關於戰爭，西川滿命中似乎早已注定無法與其脫離關係，名字中的「滿」，原本就是祖父為紀念一九〇五年日俄戰爭勝利的圓滿而取，只是成年後因為視力、呼吸道疾病而判定丁種體位，免除戰事的徵召，所以回到臺灣從事文藝工作。文藝成為西川滿報效天皇的南方戰場。

一九三九年的文藝戰場，西川滿主導成立「臺灣詩人協會」、發行詩誌《華麗島》，隔年一月再擴充為「臺灣文藝家協會」、雜誌改名《文藝臺灣》，二月協會改組，編後語出現「願為建設南方文化粉身碎骨」、「以文藝文化實踐臣道」之類響應戰爭的文字。

但《文藝臺灣》初期刊載的作品，卻是超脫於戰爭的，只是隨著戰事升溫，應和國策的作品逐漸多了起來。而身為戰時臺灣文壇領導人的西川滿，他對「外地文學」（相對於日本本國的「內地文學」）的追求、對以臺灣風土為創作主題的執著，也因為戰爭而飽受爭議。

一九四一年五月，原為《文藝臺灣》成員的臺灣作家張文環，因與西川滿理念不合，另創文藝雜誌《臺灣文學》。

在《臺灣文學》創刊的前一個月，臺灣總督府設立「皇民奉公會」，要求殖民地人民以積極行動實踐忠君愛國。一九四三年四月，皇民奉公會的外圍組織「臺灣文學奉公會」成立。

同年十一月，臺灣文學奉公會召開「臺灣決戰文學會議」，討論文學人如何協助戰爭，會中西川滿表示願意把《文藝臺灣》獻給臺灣文學奉公會，張文環則試圖為自家刊物《臺灣文學》爭取繼續出刊的空間，卻仍躲不了停刊的命運。

戰爭末期的一九四四年一月，《文藝臺灣》與《臺灣文學》合併為《臺灣文藝》，配合戰爭國策的意味更加濃烈，幾期雜誌甚至出現「神風特別攻擊機隊に捧ぐ」（獻給神風特攻隊）、「戦果に応へる道」（因應戰果之道）、「必誅・神域を侵すもの」（侵入神域者必誅）的特輯，毫不避諱，大方揭露戰爭與文藝的合作。

圖8-1 後藤新平銅像，一九一二年。
來源：山川延吉編，《臺灣大觀》。

愛臺灣的西川滿，就此糾結了皇民文學的標籤，終其一生都難以撕下。

同樣是一九三三年，同樣是重返臺灣的日本人，二十八歲的立石鐵臣早了西川滿幾個月，搭船回到他住到八歲才離開的出生地臺灣。

立石鐵臣一九〇五年生於臺北城外東門街，但這次回來，八歲以前的臺灣印象已經模糊，倒是對放學途中的新公園印象深刻，他在草地仰望廣場的後藤新平銅像，會疑惑他雙手張開的姿態，「這樣不會累嗎？」

兒時善於觀察，大概是畫家特質的直覺反應。一九一三年立石鐵臣回到日本讀中學，立志成為畫家，進入東京著名的川端畫學校，專修圓山派技法。這是江戶時代畫師圓山應舉所創，畫風親近，尤其重視寫生表現。一九二三年第五回橫濱美術展覽會，他為自己取了雅號立石青玄，作品〈雞〉果然一鳴驚人，讓他一腳踏進畫家的世界，多次以風景油畫入選大展。

一九三三年，立石鐵臣回到離別二十年的出生地臺灣，一則舉行畫展，二則尋找寫生素材，在島嶼上停留了三個月。不過這一次，他意外地愛上這個地方。隔年遷居臺灣，並且參加以臺灣畫家為主的「臺陽美術協會」，認識了陳澄波、藍蔭鼎、鹽月桃甫等文藝人。之後又與西川滿等人成立「臺灣創作版畫會」，在《媽祖》雜誌上發表版畫作品。一九三六年三月離臺返居東京，一九三九年他再度來臺，這次是應臺北帝國大學理農學部長之邀，從事描繪動植物標本的細密畫工作。

一九四一年，立石鐵臣開始參與《民俗臺灣》雜誌的編輯，與熱心臺灣民俗的學者金關丈夫、池田敏雄一起透過文字、攝影、插畫，記錄留存包括祖宗牌位等臺灣地方舊慣與民俗文物。

只是戰爭來了，誰也逃不掉。皇民化的文藝動員，一樣襲向立石鐵臣等人。只是相對於西川滿配合國策，立石鐵臣選擇了另一條相反的臺灣路。

當皇民化運動席捲民間，如刮起一陣大風，地方的建築器物、宗教信仰、姓氏名號都在這波浪潮的運動之中，《民俗臺灣》的編輯群警覺到，如果不即時保存記錄，這些臺灣特有的民俗文化，將諷刺地因為皇民化的成功而消失。

一九四一年七月，《民俗臺灣》創刊號以攝影家松山虔三〈龍山寺的屋頂〉為封面，民間宗教建築飛躍的龍身草尾，預告了雜誌的臺灣風俗走向。

只是龍身草尾後的大量留白，卻是戰事的不可預知。立石鐵臣、池田敏雄都難逃徵召從軍的動員，在一九四四年入伍。不過《民俗臺灣》避過總督府的壓力，硬是撐到了一九四五年一月，總共發行四十三期，記下大量臺灣戰前民情風土。

圖8-2《民俗臺灣》創刊號封面
來源：臺灣文學期刊目錄資料庫

人生的前端，乘著日清甲午戰爭的勝利而來，人生的中場，因為太平洋戰爭的皇民化動員而奔走創作。這些性情唯美的日本文藝人，在臺灣度過最好也是最壞的時代，而人生評價終究擺脫不了這場戰爭。

我是誰？

我是日本人？還是臺灣人？

青春期女孩陳清子，自尋煩惱陷在這個既是個人、又是國家的憂慮之中。這時日本統治臺灣大概三十年了，身分認同像青春痘一樣討厭，並在這種年紀最容易冒出，一旦意識到，臉部神經就特別痛。有人還會痛一輩子，甚至遺傳到下一個世代。

清子的焦慮，是在臺日本人焦慮的折射。陳清子，其實是日本出生、定居臺南的作家庄司總一寫於一九四二年的小說《陳夫人》裡的角色。

在臺日本人的認同糾結，從清子的母親「陳夫人」五十嵐安子延伸而下，在這部文學作品裡暴露了「內臺共婚」政策底下的愛與痛。

清子的父親陳清文，出身臺南望族，畢業於東京帝大法學科。母親五十嵐安子，出身日本東北貧鄉，中學畢業到東京學家政。二人初識相戀，卻因為財富與族裔的差異而冷卻，不過在一次意外的重逢，暫離而聚後相互發現彼此是此生真愛唯一。只是高富帥陳清文想娶貧戶出身的安子，宗親群起反對；反過來，清苦出身的安子家族，看到女兒要下嫁殖民地出身的人，竟然也不甘願。

他們最後返回臺南結婚。安子雖然生活上極不適應，心情鬱鬱寡歡，甚至一度流產，之後生下清子，很努力想成為地方宗族心中適任的「陳夫人」。

小說描寫的一九三〇年代，南移臺灣的日本人漸多，清子這樣的小孩也多了。他們後來被稱為「灣生」，字義就是在臺灣出生的日本人，相對於同時期朝鮮出生的日本人「朝生」，與東北滿洲國出生的日本人「滿生」。陳清子的灣生身分，還更複雜。

清子家境富裕，往來多是日本朋友。她的認同憂鬱，卻在十七歲那年爆裂在兩名日本好友面前。

她的兩名好朋友都是「灣生」。西道子的父母遷來臺灣已經二十五年，島田登枝家族甚至連祖父母的三代都住臺灣，兩人都說，臺灣和日本沒什麼兩樣，只是對內地日本有一種奇妙的「鄉愁感」。可是少女何識愁滋味？三人東拉西扯，還是講不出鄉愁是什麼，只是覺得悶悶的，像沒冒出來的青春痘吧。話題很快繞回來，額頭那幾顆痘子，怎麼遮掩？清子向母親借了雪花膏來塗，青春痘卻是更明顯啊。

不過嬉鬧之中，清子已經感受到微妙的不同，「我既是日本人又是臺灣人；這等於我不是日本人，也不是臺灣人。」清子偷看母親初到臺灣的日記，讀著她抱怨臺灣風俗的種種心情，突然為自己「陳氏清子」的違和感到悲哀。在清子與陳桑之間、在臺語與日語之間、在和服與臺灣衫之間，她像是一副難以定著的鐘擺。

小說作者庄司總一雖生於日本，卻更長時間住在臺南，臺灣人和日本人的鐘擺，他自己也有。庄司總一這樣形容「鄉愁」：那不是一種「難忍的強烈憧憬」，而是「像倦怠而生的悲哀似的」。他在內臺共婚政策下的時代，觀察夾縫之間的「灣生」，並不諱言，「這個詞彙帶有微微的憐憫和輕蔑」。

《陳夫人》提出了臺日混雜者心中的深沉疑問。故事最末，清子經過幾次認同的翻轉，終究為自己找到一個答案：

在這土地上出生，自己的父親、祖先從這裡源遠流長地把血液流入她的身體裡。清子覺得——自己是臺灣人，可以毫無忌憚地這樣說。

戰地臺灣與「勇敢的戰士」

一九四四年七月，臨時收到徵召令的立石鐵臣，匆匆前往部隊報到，這時的他已經快四十歲。

深夜，從基隆港出發，四周都是「何處去」的集體疑問。立石鐵臣坐在緩慢、彷彿是在匍匐前進的輪船，於深夜靜靜地漂向未知的目的地。

立石鐵臣帶著一肚子的疑惑，「奇怪，我怎麼會被徵召入伍呢？」雖然上個月池田敏雄已先受徵召入伍，但立石鐵體重只有四十四公斤，不刻意卻維持著丙等的體位檢查結果。看了一夜星空，立石鐵臣仍是不解，東方天光泛白，船已經默默靠近岸邊。立石算了算時間，推斷這裡不會是大家猜測的南洋戰場。原來這些初入伍、體檢在免役邊緣的士兵，集體被送到了臺灣東部的花蓮。

下了船走一會兒，立石鐵臣無法相信臺灣還有如此洪荒之地，簡直是包藏在島嶼內部的另一座孤島。而眼前這座孤島也隔絕了他們對於戰場的想像，東臺灣不是戰場，相較於他們預想的南洋那些砲彈轟炸、死屍遍野，花蓮的戰事十分溫婉。花蓮，不像戰場的戰場。

立石鐵臣的第一項工作任命，是照料馬匹。

喔～啦～喔～啦～！像是哄小孩一樣，立石鐵臣趁著馬兒身心溫馴，先輕輕抱起馬腿、刷洗腳底。然後，練習牽著馬兒走路，像前線的戰士。立石鐵臣輕鬆以待，覺得應該不是什麼困難的挑戰吧。他心想，馬是高智商動物，懂得情感交流，而且相信早上的刷洗動作像是「定親」，已經培養未深卻也不淺的人馬感情，總會給點面子吧！

走了幾步，一切順利，正當立石鐵臣逐漸感到得意，突然人就被馬搶得先機，一路狂奔，但堅守「馬韁不可離手」的基本信條，立石鐵臣只能抓緊韁繩跟著馬跑，一面自我調侃：

> 勇敢的戰士啊，這也是忠貞愛國的表現。

既然是軍事訓練，每日活動當然也包括野地實戰。只是花蓮不是戰事前線，沒有立即的

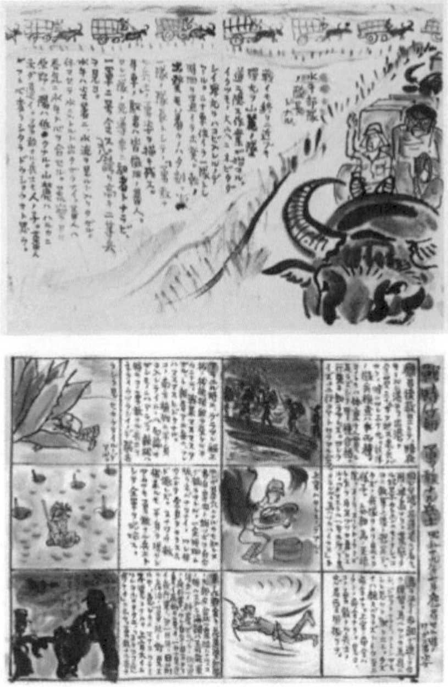

圖8-3 立石鐵臣以畫敘述在花蓮的軍旅時光
來源：立石鐵臣，《臺灣畫冊》。原畫作為彩色。

敵軍，野地實戰也只是練習躲藏半身到植物叢、挖挖暱稱章魚穴的防空壕。莫名所以從軍，每日如此聊備一格的練習，就這樣消磨掉立石鐵臣的日常。戰爭真的好近又好遠。

時間緩慢移動，戰爭末期的軍隊還多了一項工作：運送大量儲備彈丸，藏到山麓的幾個大山洞裡頭。天剛亮，部隊徵調來當地原住民駕駛數百頭水牛車，兵士將彈丸裝載上車，二十車為一隊，算準時間差，依序出發。立石鐵臣是掌理二十輛牛車的隊長，看著長長整齊「牛龍」，暗想任務應該不會有意外。只是隨著太陽高升，愈走漸熱，水牛看到路邊的流水，紛紛靠上去貪圖清涼，任憑如何驅趕都沒用。直到太陽沉落在西面群山，目的地還有長長的一段路。

立石鐵臣的花蓮軍旅，最終記憶就在這個眾水牛一晌貪歡的清涼畫面。

尋找瑪小姐

戰爭在臺灣的痛楚，即使不是臺灣人也在承擔。這個道理，也適用在動物身上。

這天，圓山動物園的紅牌巨星瑪小姐消失了。柵欄外頭，日本女孩森山紀子失落地呆望著眼前空蕩蕩的柵欄，雖然心裡已經做好準備，但就像目送徵召到支那戰場的哥哥和夫，當告別的這一刻真的到來，心裡還是會隱隱作痛。

瑪小姐是在進入繁華昭和時代的一九二六年，從緬甸轉新加坡坐船來到臺灣。那年的她才六歲，八月二十六日從基隆港下船，由專屬火車送到臺北車站。出站的片刻，「象來了！象來了！」的叫聲在街道兩旁此起彼落，鎂光燈閃著市民的讚嘆，這就是大象！這就是臺灣島的第一隻大象！

圖8-4 瑪小姐
來源：臺北市役所，《臺北市動物園寫真帖》。國立臺灣圖書館提供。

群眾之中，那一年同樣才六歲的紀子綁著麻花辮子，被眼前的大象震撼到半張開嘴，並在這一刻深深地為眼前的大象著迷，她覺得這個世界大概沒有人比她更愛瑪小姐了。哥哥和夫原本一直灌輸紀子紅毛猩猩「一郎君」是動物園第一，瞬間在她心中退位為第二名。瑪小姐才是真愛。

圖8-5 慰靈祭

來源：臺北市役所，《臺北市動物園寫真帖》。國立臺灣圖書館提供。

紀子成為圓山動物園的忠實觀眾，直盯著瑪小姐，看她露臉巡行，看她舉起長鼻子「牿賞」遊客，看她拍拍大耳朵，還有，最愛看她擔任「慰靈祭」的主祭。

慰靈祭是圓山動物園每年十一月二十三日為紀念死去動物而舉行的科儀法事，一九二五年開始以後就成為慣例。儀式程序一般都是：司儀開式、佛教兒童合唱團獻唱佛歌、兒童獻花、眾人禮拜、僧侶誦經、人間各單位代表上香，祭典的高潮是動物代表盛裝出場主祭，最後宣讀祭文、園長敘禮，祭典完成。

瑪小姐來到臺灣之後，就是動物代表主祭的不二人選。她的盛裝是大紅禮服，主祭時候會以擬人化的口吻進行。紀子認為，這時候的瑪小姐可愛極了。

然而，慰靈祭並不是嬉樂的餘興活動。慰靈祭是安撫亡魂的祭典。亡魂，也就是那一年為國犧牲捐軀的動物們，包括在科學實驗裡死去的，例如臺北帝國大學、臺北醫專、役獸血清製造所、軍部等地實驗室，以及那幾年大量增加、接受徵召令出征而在戰場死去的動物。

森山紀子的鄰居鈴木怜子，家中的德國牧羊犬黛戈，也上過慰靈祭。

黛戈是怜子最親密的玩伴，原本命名典故是印度詩人泰戈爾，只是念久了，泰戈爾、泰戈爾、泰戈爾……就在舌間簡化為黛戈。而聰明黛戈，即使不套狗鍊也會緊緊地跟在小怜子的腳邊。

然而在戰事緊張之際，牧羊犬因為是公認最佳軍犬品種，在臺灣的所有黛戈們，終究逃不過國家的徵召，無數的怜子們，也為此哀傷不已。

上級的「召集令」下給了黛戈，軍事總動員無可違抗，家犬變成軍犬。一個轉涼的午後，幾名軍人半強制性地牽引著黛戈離去，幼小的怜子站在門口目送黛戈緩慢離去的身影，而黛戈則睜著又黑又大的無辜雙眼，頻頻回頭，看著愈來愈遠，愈來愈小的小怜子。

當時或許在彼此的心中都以為只是短暫分離，卻其實是永別。上了戰地的軍犬，既不會淪為戰俘，卻也不會回家與家人團圓。在完成任務之後，他們就會成為外套或墊被而留在戰場。「以戰爭之名」、「想想前方的戰士」，軍民一體的口號如同符咒控制了人的物資與意識。

戰爭無所不在，會在生命裡弄壞一些碎片。碎片，包括黛戈，包括瑪小姐。因為人都養不好，動物如何善待？

一九四三年間，聽說東京上野動物園已在八月開始「處分」動物。

「這一天還是要到來啊！」圓山動物飼養員大澤深深地嘆了一口氣。臺灣的這一天，是一九四三年十二月二十七日。大澤與同事慢慢走到二十五號區。黑熊，是第一波處分名單。因為擔心空襲時炸毀柵欄，以致猛獸逃脫傷人，人類決定先下手為強。

大澤又嘆了一口氣。平時執行任務效率很高的他，這回動作卻出奇得慢，似乎在等待上級改變命令。畢竟，處分動物，是最壞的打算。

只是大澤動作再怎麼慢動作拖延，最壞的一刻還是必須到來。他們依照計畫，最先要誘引黑熊、棕熊走進鋪著通電鐵板的柵欄。大概餓壞了，諸熊露出懵懂無辜的表情，負責執刑的大澤突然伸出通電的長槍，刺向熊的臉部。

黑熊面對突來的變局，十分驚慌，咬住長槍，中計了。高壓電流瞬間通過全身，一切都在這一套處分計畫的預料之中。有些熊一擊斃命，但有些熊體毛包覆多、身體未完全接地，電擊一次未死而痛苦地重新站起，第二次、第三次，甚至第四次。初始懵懂，然後是無法理解的反擊與猙獰，最後則是無力地看著人類，慢慢地在無知中失去生命。

第一項任務完成。獅子、老虎、豹，也依序一隻一隻死於飼養員之手。紀子心中的第二、哥哥和夫的冠軍、大阪動物園譽為「日本第一」的紅毛猩猩一郎君，也逃不過這波處決的命運。

因為戰爭逼近，這些從外地來到臺灣的訪客，成為最無辜的犧牲者。而瑪小姐呢？她跟東京上野動物園的大象一樣被處死了嗎？有人說瑪小姐也上了處決名單，還有人說吃到象肉，只是肉質很硬，並不美味；也有人說她受徵召上了戰場，更有一說是她被園方刻意藏匿起來。但無論任何說詞都無法得到證實，只知道就像是變魔術一樣，戰爭時期的瑪小姐，偌大的身軀在一瞬間消失在原本的柵欄裡。

圖8-6 一郎君

來源：臺北市役所，《臺北市動物園寫真帖》。國立臺灣圖書館提供。

突然，戰爭結束了

這一刻，全世界都安靜下來。

一九四五年八月十五日，日本最漫長的一天。嘉義通信連隊所有隊員，上午全數集合在嘉義高等女學校的「作法室」。這裡本來是女學生學習茶道、花道、禮儀的教室，野口恒夫坐在裡頭，感受到周圍氣氛嚴肅無比。

野口恒夫是臺南州立嘉義中學校第十二回畢業生，一九四四年前後徵召入軍隊。他先編派到高雄小港第六部隊，一九四五年四月調到這個嘉義通信連隊。

前一天，廣播就開始放送這天「中午十二點整將有重要事情宣布」。目前距離正午十二點整還有一些時間，隊員卻已早早定位，集體占據本來應該充滿芬香的教室，準備豎耳傾聽。

消息還沒放送，野口的視覺狀態因為固定而凝止，感覺世界只有屋外的夏日蟬聲此起彼落，而心底卻也漸漸沉靜，有如打坐入定，一瞬間，甚至以為世界可以永遠沉靜如此。

「從現在開始，進行重要廣播……。請全國的聽眾起立。」收音機的聲響打破僵局，正午到來。廣播裡頭的聲音來自日本內地，一位名為和田信賢的播音員，然後是情報局總裁下村宏的說話：「天皇陛下即將親自對全體國民宣讀重大詔書。現在開始播送玉音。」

接著是熟悉的〈君が代〉，在最後一個音落下之時：

朕深鑑世界大勢與帝國現況，欲以非常錯置收拾時局，茲告爾等忠良臣民……

事實上，雜音充耳，大家都不清楚廣播內容究竟說了什麼，然而靜靜地聽著聽著，就像泡在冷水裡頭的乾菊花，正慢慢地化開。野口恒夫透過雜音的斷詞拼湊，察覺世界在此刻開始有了變化。人群中開始傳來啜泣聲，是隔壁的五中隊無線隊長哭了。野口恒夫藉此確定聽到的訊息與理解無誤，而在場卻沒有人再發出任何聲響，直到廣播結束。

其他人心中想什麼？漫長幾分鐘的面無表情是什麼訊息？那時的野口恒夫並不知道，經由廣播放送的媒介，亞洲戰場有許多日本軍官在同日自盡。

野口恒夫事後回想聽到玉音放送的感覺，應該是殘念卻又無念吧！無論如何百感交集，內心卻真的有「終於結束」的感覺。但野口恒夫也不大確定，這麼想，該不該有罪惡感？

引揚

戰爭結束，從未想過要離開臺灣的在臺日本人不論多麼熱愛這座島嶼，幾乎都失去駐留的合法性。一九四八年十二月五日，立石鐵臣帶著臺灣大學支付的三個月薪水，準備搭乘最後幾班返回日本的輪船。心想，這大概是最後一次踩著臺灣的土地了吧。

在戰後遣返期限內，立石鐵臣選擇留在臺灣，先受聘於東都書局出版部，同時也在臺北師範學校當美術老師。一九四六年八月臺灣省立編譯館成立，他再以專家身分獲得留用。可是隔年二二八事件後，這份工作也隨著編譯館裁併而結束。

原以為即將引揚返日的立石鐵臣，又輾轉受到先前編譯館館長、後來臺大中文系系主任許壽裳的延攬，與楊雲萍、國分直一進入臺大歷史系擔任講師。一九四八年十月二十五日，國民政府舉辦第一屆臺灣省博覽會，立石鐵臣還受邀繪製一幅〈臺灣史前時代生活復原圖〉。立石鐵臣參考人類學家好友金關丈夫、國分直一的研究文獻，鮮活重現島嶼最早的歷史。

這個慶祝「光復節」的博覽會，也是立石鐵臣在臺灣的最後一場盛會，之後就與許多專業任用的日本學者一樣，奉令遣返日本。

終戰至返日的這三年期間，面對飛漲的物價、失序的生活，立石鐵臣沒有等到一再期待的社會回復穩定，卻看盡在臺日本人的窘迫。他們歸國之前必須將財物處理完畢，捨不得卻帶不走的，有些私下送人，有些就在街上公開販售，換取黃金帶回日本。

立石鐵臣記得在大街公開販售的生活用品，女性衣物最暢銷，因為和服布料好，又容易改成臺灣衫。藝術品也是大宗，立石鐵臣是畫家，特別留意擺出的品項，竟有不少是水墨大家雪舟、光琳的名品。有些人以為手中名畫是真跡，脫手之際還止不住落淚。立石鐵臣雖然一眼看出都是贗品，但也可以體會畫作主人的風雅，尤其是一顆長住臺灣還留戀日本美學的心。

圖8-7 即將引揚離臺的日本人，在街上販售家當。
來源：鄧南光攝影，夏門攝影企劃研究室提供。

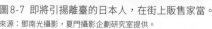

除了街上的觀察，立石鐵臣還真有賣東西的經驗。他的畫家友人南風原朝光，因為兄長南風原朝保醫師突要返回沖繩，急著將醫院所有物品都變換黃金。立石鐵臣於是伸手相助，先為商品訂出標價，再讓買家殺價，生意倒還不差。但是臨別的買賣，也是心酸的時刻。一次，立石鐵臣賣出一個玻璃盒裝的日本人偶，正在開心之際，一名優雅的日本女子靠近，在他耳邊悄悄地說「這個為我親手所做」，隨即悠悠離去。不知為何，立石鐵臣頓時萌生愧疚的心情，好像賤賣了創作者費盡心血的傑作。即使賣出高價又如何？痛的應該是心而不是錢吧。

終於鳴笛了。船即將離岸，甲板上的立石鐵臣望著碼頭擠滿人群，離情逼近，感覺耳邊隱約響起〈螢之光〉的旋律。

蛍の光、窓の雪、書読む月日、重ねつ、、何時しか年も、すぎの戸を、開けてぞ今朝は、別れ行く……。

螢之光、窗之雪、讀書的歲月，長長地積累，不知何時，新的一年，打開杉木門，今朝就要離別……。

就此離去的立石鐵臣，再也沒有回到出生地臺灣。但是，卻也好像沒有離開過。

好久不見

一九九三年四月。這一天，《大阪新聞》記者田中準造步下火車，走出離開臺灣時名為「新營驛」，如今已改觀的新營火車站。火車站前，大馬路的空間格局其實沒變，然而田中準造卻在時間中迷失了方向感。

一旁同行的作家司馬遼太郎、插畫家安野光雅，看著田中準造的眼神，知道他的感受不是迷路的困惑，反而像是在期待什麼、又似乎想逃避什麼。

「街道漫步還沒有臺灣篇喔！」某個夜晚，陳舜臣來了一通電話，老樣子的三言兩語，讓司馬遼太郎第一次動念離開日本進行採訪，並邀請田中準造同行。

一九九三年一月，司馬遼太郎一行人踏上這個半世紀前被西川滿、吉江喬松譽為「華麗島」的臺灣，走訪各地名勝龍山寺、日月潭、安平古堡，也訪問曾受日本教育的總統李登輝等人，想要重探日本與臺灣的連繫，一種雙向的情感連繫。

在臺灣生活過的日本人，大都保有那種情感連繫。田中準造來到臺南新營，心情特別焦躁，因為腳下所踩的這塊土地，相當靠近他就讀小學校的居地。

田中準造心情激動，以為已然陌生的街道竟還熟悉，那是自己一直收束心底不敢打擾、生怕一不小心就會失控的情緒。田中準造漸漸走近，視線開始婆娑，浮現童年的畫面。他在黃昏時刻爬上屋後的榕樹看書，挽著髮髻穿著淡藍和服的母親，會在此時走出廚房，向樹梢喊著：「吃飯啦，阿準！」

果然還是無法按捺那份收束的情緒，田中準造在街角哭了起來。

「有什麼傷心事嗎？」竟有在地路人用日語關切問起。一擡頭，原來大群人已在圍觀。

「這是我出生的地方。我小學也是在這裡念的。不曉得沈乃霖醫師在哪裡？他是我小時候的主治醫師。」田中準造問道。

讀小學校的田中準造不愛上學，總是佯裝感冒生病，父母每每落入田中準造的陷阱，然後帶著他到沈內科，求助於沈乃霖醫師。「沒事吧？」父母殷切地問。「沒事！我讓他在嘴裡含了顆糖球。」沈醫師都是這樣回應，宣告早已識破田中準造講不膩的虛言。這是田中準造最笑中帶淚的童年回憶。

「我來帶你去吧！」七嘴八舌之後，有個路人豪爽地說。穿過幾道街口，眼前景物更加熟悉，腦中畫面的時鐘向前快轉，停在引揚離島前的那一刻。

日本投降之後，田中準造任職糖廠廠長的父親，遭到軟禁在宿舍，並被規定不准與臺灣人接觸。坐困的一家人，只能孤單地等待船期的到來。但是就在遣返前夕，沈乃霖醫師的兒子、田中準造的小學校同學沈柏欣，竟不知如何地突破警戒進到宿舍，遞還一本先前的借書。只是還一本書？田中準造知道，這是道別。

記憶中離臺前最後一幕，是沈柏欣離去時頻頻回頭的背影和眼神，幾乎是五十年的思念與壓抑，一回想至此，田中準造的情感再度潰堤。

路人帶著田中準造來到寫著「沈內科醫院」的金字招牌前面，並找來沈乃霖醫師。司馬遼太郎看著這一幕寫下：「在沈醫師記憶裡的田中準造，應該是小學生的模樣才對，他怎麼能夠一眼認出來，真令人百思莫解。」

兩名歷經滄桑的男人，忍不住相抱而泣，診所隨即掛出「今日休診」的牌子。

田中準造一家離臺之後，身為臺灣人的沈乃霖，也經歷波折的人生。一九四七年三月二十一日沈乃霖如常出外看診，一離家門，就莫名被綁，還被架上軍用卡車示眾遊街，終點是臺南監獄。吃了一個月的牢飯之後才知道，之所以吃上這一個月的牢飯，是因為他跳出來擔任二二八事件處理委員會臺南縣分會的負責人。

臺灣的新統治者，以各種方式誘捕更多菁英。幸運者如沈乃霖坐牢一個月，不幸者如擔任嘉義市二二八事件處理委員會「和平使」的畫家陳澄波，在同年三月二十五日上午被帶往嘉義市區遊街之後，槍斃於嘉義火車站前。

一九四五年的終戰，看似戰事結束，對於島嶼卻是另一波山雨欲來的腥風籠罩。特別在一九四九年以後，臺灣戒嚴，全島進入白色恐怖的噤聲年代。那些日本統治時代的種種，以及還記得那些歷史的人，都經歷長長的沉默，直到所有身影都透明化到看不見。沈乃霖醫師也是。

臺灣是一座島，前仆後繼有人乘浪而來。許多日本移民和灣生希望落地生根，卻又不得不離開。其後的這些年，他們經歷了什麼？曾經陪著臺灣的西川滿、池田敏雄、立石鐵臣、國分直一，他們畫過、寫過的歷史經過時光折射，成了什麼模樣？

一九五〇年，在戰爭中存活下來的大象瑪小姐，因為心臟病而死亡。她留下的象舍，並沒有空太久，幾年後就住進了新房客，那是我們所熟知的馬蘭和林旺。自此，瑪小姐正式成為曾歷經日治時期臺灣與日本人的共有記憶私藏品，只存活在戰前世代島嶼人的心中。

一九六〇年，五十三歲的西川滿收到一份寄自臺南的禮物，那是三尊神像：天上聖母、千里眼和順風耳。隔年六月西川滿在日本成立了「聖母會」，八月發行《聖母通信》，十月再將「聖母會」改成「日本天后會」，戰後回到日本的他用自己的方式，延續個人離開之後的臺灣情。

這一年，立石鐵臣視為恩人的藝評家福島繁太郎也過世了。立石鐵臣突然想以一個臺灣主題的圖繪計畫獻給福島老師，藉此告訴福島繁太郎遺孀福島慶子，那些年在臺灣發生的往事他從一九六二年元旦開始，連續作畫二十九天。畫作完成後一幅一幅裝裱，命名為《臺灣畫冊》。無論是〈亭仔腳的小雜貨攤〉、〈摸乳巷〉，或是〈打棉布〉、〈挽面〉，又或者〈夫妻喧嘩〉、〈老歲仔閒談〉，甚至一九四一年九月二十一日的臺灣日全蝕，都是親身經歷的臺灣印記。

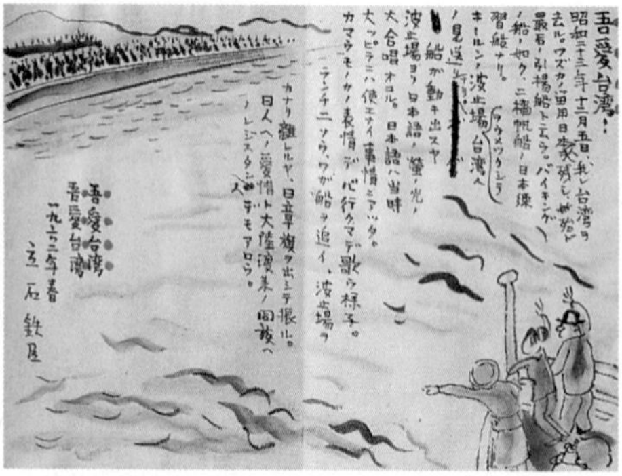

圖8-8 立石鐵臣，〈吾愛臺灣〉。
來源：立石鐵臣，《臺灣畫冊》。原畫作為彩色。

吾愛臺灣：昭和二十三年十二月五日，我離開了臺灣。除了少數的留用日人，幾乎都搭上最後的引揚船。這是有如海盜船一般，二片船帆形式之日本訓練船，基隆碼頭擠滿了來送行的臺灣人。當船開動時，從碼頭上傳來日語〈螢之光〉的大合唱聲。日語當時禁止公然使用，然而大家以不在乎的表情，由衷地歌唱著。兩艘汽艇追隨著我們，當離開碼頭相當遠的時候，他們取出日章旗揮動著。這大概是對日本人的珍惜之情和對大陸渡臺的同族之反抗表現吧！吾愛臺灣。吾愛臺灣。

——立石鐵臣，一九六二年春

立石鐵臣將《臺灣畫冊》贈予福島繁太郎的遺孀福島慶子。日後，我們在畫冊的一幅〈吾愛臺灣〉，看到這樣長長的題字，才知道他將臺灣記得這麼清楚。

參考書目：

山川岩吉編（一九一二）《臺灣大觀》，臺北：臺灣大觀社。
王行恭（二〇〇七）〈限定版鬼才西川滿和他的臺灣風裝幀藝術：一九四〇—一九四六在臺歲月〉，《臺灣設計》一期，頁四十—四九。
司馬遼太郎著、李金松譯（一九九五）《街道漫步：臺灣紀行》。臺北：臺灣東販。
立石鐵臣（一九九七）《臺灣畫冊》。臺北：臺北縣立文化中心。
安野光雅著、周姚萍譯（二〇一三）《那記憶如神話般的時光：安野光雅水彩自繪人生》。臺北：圓神。
庄司總一著、黃玉燕譯（二〇〇二）《嫁臺灣郎的日本女子（陳夫人）》。臺北：九歌。
吳密察等（二〇〇九）〈《民俗臺灣》發刊的時代背景及其性質〉，收入《帝國裡的「地方文化」：皇民化時期臺灣文化狀況》，頁四九—八二。臺北：新自然主義。
邱函妮（二〇〇四）《灣生・風土・立石鐵臣》。臺北：雄獅美術。
徐聖凱（二〇一四）《臺北市立動物園百年簡史》。臺北：臺北市立動物園。
國立中央圖書館臺灣分館編（二〇一一）《「西川滿大展」導覽手冊》。臺北：國立中央圖書館臺灣分館。

張素玢（二〇一七）《未竟的殖民：日本在臺移民村》。臺北：衛城。
郭亮吟、藤田修平（二〇一六）《灣生畫家——立石鐵臣》（影片）。
陳芳明（二〇一一）《臺灣新文學史》。臺北：聯經。
鈴木怜子著、邱慎譯（二〇一四）《南風如歌：一位日本阿嬤的臺灣鄉愁》。臺北：蔚然文化。
嘉義中學校同窗會旭陵會（一九九二）《旭陵會會報》三三號。東京：嘉義中學校同窗會旭陵會。
臺北市役所（一九四二）《臺北市動物園寫真帖》。臺北：臺北市役所。
劉克襄（一九九九）《福爾摩沙大旅行》。臺北：玉山社。
鄭麗榕（二〇一四）〈戰爭與動物：臺北圓山動物園的社會文化史〉，《師大臺灣史學報》七期，頁七七—一一二。
顏娟英（二〇〇一）《風景心境——臺灣近代美術文獻導讀》。臺北：雄獅美術。

【附錄】〈螢之光〉歌詞及譯文（作者自譯）

螢の光、窓の雪、書読む月日、重ねつゝ、何時しか年も、すぎの戸を、開けてぞ今朝は、別れ行く……。

止まるも行くも、限りとて、互に思ふ、千万の、心の端を、一言に、幸くと許り、歌ふなり。

筑紫の極み陸奥、海山遠く、隔つとも、その真心は、隔て無く、一つに尽くせ、国の為。

千島の奥も、沖繩も、八洲の内の、護りなり、至らん国に、勲しく、努めよ我が兄、恙無く。

螢之光、窗之雪、讀書的歲月，長長地積累，不知何時，新的一年，打開杉木門，今朝就要離別。

停下來、繼續行，都並不要緊，相互的思念，千千萬萬；心的那端，只需一句話，幸福就能唱出。

即使筑紫之盡或陸奧，即使有海山遠遠相隔，他的真心，永無間隔，一心之盡力，只是為我國家。

不論千島深處或沖繩，舉國八洲之內都守護；走無盡頭的國度喔，那英勇的我的夫，祝願你無恙。

第九章 遺落他鄉的記憶：海外臺灣人的故事

盛浩偉

南洋集中營的遺緒

這已經是終戰後八個多月的事了。

那天晚上，在距離臺灣三千多公里遠的新加坡，一座關滿臺灣人的集中營裡，發生了一起不小的騷動。

剛回到營區的李讚生，渾身是汗只想好好洗個澡，把等待返回臺灣期間累積的髒汙與疲憊給梳理乾淨，準備隔天體面地搭上遣返船。李讚生拿出盥洗的毛巾，準備使用門邊的水桶，卻發現桶內滿是渾濁的髒水，順手就往水溝倒掉。他拎起水桶輕快地準備取水，身後卻有人驚愕大叫。

「水桶呢？水桶呢？」叫聲的主人，是郭啟彰。他出身高雄旗津的捕魚世家，對漁業有深刻瞭解。戰爭期間，他受到日軍徵召，派到新加坡占領區，而後又因為漁業專業，派到日軍養殖場負責飼魚；終戰之後，他和在新加坡的其他臺灣人一樣，都被同盟國軍隊送到集中營。

「我要洗澡，所以就把水倒了……。」

李讚生回頭，話還沒答完，就看郭啟彰一臉慌張跪到水溝旁，脫下衣服像要捕捉什麼。「快來幫忙！」郭啟彰喊著，營區兩三個人聞聽也衝了過來，奔到郭啟彰身旁，伸手向水溝東撈西抓。

只有李讚生愣在原地，搞不懂究竟發生什麼事情。「難道水桶裡裝了寶貝？」他疑惑向旁人問起。沒想到，水桶真的裝了寶貝。

原來，前一陣子，郭啟彰在集中營裡認識了另一位臺灣人吳振輝。吳振輝是屏東人，年長郭啟彰四歲，本來任職日本的南滿洲鐵路株式會社，派駐到蘭領東印度（現印尼）的蘇門答臘當調查員。戰後的吳振輝在等待盟軍處置，也等待恢復中華民國國籍的程序，這些在戰爭期間因故而身處爪哇、雅加達等地的臺灣人，也都被送往新加坡的集中營統一管理。

兩人閒聊之間，講起一種日軍從爪哇引進的魚，生長很迅速，適應力超強，淡水的河流湖泊養得活，出海口和沿海也能生存，味道挺適合食用。愈聊愈起勁，再來竟開始討論有沒有可能帶回臺灣養。

最後，就在這天，返臺前的午後，他們決定付諸實行。找了個空檔匆匆離營，偷偷趕赴附近已封鎖的日本養殖場，潛行，攀越幾層鐵絲網，來到池畔。時間緊迫到無法準備完整的器具，兩人當場脫下內衣為網，逐著那些孵化不過五天左右的細小魚苗，迅速撈起，放進一旁的空鳳梨罐。數量差不多了，立即奔回營區，喘了口氣，魚苗就先擱進那個水桶。

聽到這裡，李讚生意識到自己倒掉了什麼，趕忙趴到水溝邊，加入搶救行列。

經過一番努力，總共撈回二十尾魚苗。郭啟彰重新找了適當的容器，小心翼翼裝進去，外頭加上重重包裝，希望躲避隔日登船的行李檢查。依照規定，遣返的臺灣人不允許攜帶任何當地物產。

隔天，郭啟章努力裝做沒事，夾藏在行李的魚苗順利帶上了遣返船。上船後他把裝魚苗的容器拿出來一數，活的竟只剩十六尾。他不禁擔心了起來，畢竟從新加坡到基隆的航程又需十天，對於甫出生的魚苗是極大考驗。這過程中，他沒有一天不是戰戰兢兢，甚至忍著自己口渴，將配給的飲水留給魚苗換水。

當郭啟彰抵達旗津老家，碩果僅存的魚苗，僅有五尾雄魚、八尾雌魚。

吳振輝和郭啟彰千辛萬苦運回臺灣的這十三尾魚苗，後來真的人工養殖成功，也就是第一代「吳郭魚」。

如今，多虧「吳郭魚」這個命名，臺灣人不會忘記兩位推手的姓氏。只是，很少人會知道吳郭魚的時代刻痕，知道吳郭二人如何交會在新加坡、而且在集中營。追根究柢，全是因為他們在終戰的一夕之間，從大日本帝國的人民，成為了沒有歸屬的人。

臺灣之外的臺灣人

日治時期，就已有許多離開故鄉、前往海外尋求發展的臺灣人。因為種種理由、懷抱種種想望，他們試著在遠方闖出一片更廣闊的天。帝國、皇民、政府等等巨大而崇高的詞彙，對很多人來說，距離不只很遙遠，甚至懷疑或抗拒。根據統計，一九二〇年在海外發展的臺灣人已經超過五千八百人，一九二六年就逼近一萬人，再到四〇年代戰爭期，隨著戰事進展、軍務需求，更多的人向外奔走。

他們前去的海外，並不限於日本。南洋如蘭領東印度、法屬安南（現越南）、泰國、新加坡；北方如朝鮮、滿洲以及中國各地。離開臺灣的原因各式各樣，或因公務出差，或經商做生意，或從事文化活動，以及戰爭時期的各種軍事任務。

日治時期，他們在法律上的身分，當然是大日本帝國的子民——即使出身自殖民地。這是他們從出生就被冠上的身分、是單憑個人難以掙脫的桎梏。這些臺灣人，或許不可能完全逸脫這個體制，但是，絕大多數都也不曾仗恃帝國為非作歹，而是憑靠自己努力而有所成。

終戰，也就是一九四五年八月十五日這天，海外的臺灣人未必都在戰場作戰，但卻並不表示他們遠離了「戰爭」。因為終戰以後，盟軍接管所有日本占領之地，曾受日本殖民統治、協助日軍的「臺灣人」，相對就無比尷尬。

日本殖民五十一年的臺灣人，縱使一樣接受日本教育、學習日本文化，但是臺灣人終究是日本人眼中的臺灣人，不能成為日本人。即使「殖民」劃了一道日本人和臺灣人的階級界線，然而回到那個終戰期的當下、那個情勢動盪混亂的過渡，在接管日軍占領區的盟軍眼中，哪能分辨日本人與臺灣人、哪能分辨殖民者與被殖民者？

於是，弔詭地，臺灣人五十一年不被承認，竟在此時終於成為日本人。這意味著，臺灣人即將被同盟國軍隊當成「敵國」人民處置。

終戰這段期間，這些身處在南洋或北方的庶民臺灣人，多數還是遭到強制拘留。即便沒有上場作戰、即便與日軍只有微微牽連。財產沒收、人進集中營，等待釐清有無戰爭責任。資源匱乏、船隻不足，這些臺灣人頂著前途未明的疑慮，等待遣返的可能。

到新加坡養殖場養魚的郭啟彰，到印尼蘇門答臘擔任滿洲鐵道公司調查員的吳振輝，還有更多其他類似的臺灣人，只是一般士農工商，不上戰場征戰，也是這樣在集中營茫茫等待八個多月。

在泰國，終戰時當地有六百多名臺灣人。英軍接管之後，將他們「一視同仁」當作敵國人民，全數拘禁到集中營。這些臺灣人無計可施，只能自力救濟，努力向中華民國外交使節陳情，經過好長時間的斡旋，才終於重得自由。

在印尼，獨立運動領袖蘇卡諾一九四五年八月十七日宣布成立「印度尼西亞共和國」。然而九月英國軍隊就準備來接管，隔年前殖民者荷蘭軍隊也回到印尼，蘇卡諾勢力與英軍和荷軍的交戰，使留在當地的臺灣人，只能繼續默默承受一直不停的砲火。有人甚至遭到英軍、荷軍抓進集中營，也有一些臺灣人為了遠離紛亂而走避山區。

在越南，終戰後則沒有集中營處置，日本軍隊裡的臺灣人脫離部隊，解甲卻不知如何歸田，散居到河內、西貢等地，自謀生路。然而和印尼一樣，戰後越南的獨立聲浪逐漸高漲，竟與法國殖民政府爆發法越戰爭，一連串的衝突也波及當地華僑造成死傷。

即使遠離南洋、來到中國東南沿海，戰後臺灣人的處境還是一樣悲苦。

一九四六年一月十二日中華民國行政院公布，臺灣人恢復為中華民國國籍，而且可以自行決定繼續居留中國、或者返回臺灣。然而，這些在中國的臺灣人，生命安頓的過程也是磨難重重。

在海南島，有最大宗的臺灣人遣返行動。日軍在二戰期間占領過海南島沿岸地區，陸續有基礎建設、行政治理、軍務需要等原因，招募了不少臺灣人前去支應人力。根據戰後的統計，戰爭末期在海南島上的臺灣人有兩萬多人。戰後，這些臺灣人還是被送進集中營監控，眼見中華民國政府無法因應安排，落到生活糧食缺乏，返臺遙遙無期。

在香港，臺灣人命運也是多舛。終戰後英國太平洋艦隊在香港設立了軍事政府，處理戰爭遺留問題。由於臺灣在戰爭期間確由日本統治，因此一九四五年九月四日香港首席大法官麥基利哥（Atholl MacGregor）發布聲明，認定臺灣人法律地位爭議未解決之前，臺灣人仍是「敵國人民」。

緊接著隔天，香港警務處簽署命令，要求香港島上的所有臺灣人和朝鮮人，都必須在九月七日指定時間前往指定地點報到。臺灣人聽命前去，未料到報到以後，就立刻送上卡車，載往集中營拘禁。當時的報紙寫著，沿路都有中國群眾圍堵、搖旗、吶喊，發出陣陣噓聲與咒罵，甚至拋擲泥土和磚塊。

沒有結束。戰爭並沒有隨著美國丟下兩顆原子彈而結束。落在海外臺灣人身上的，是戰亂帶來的更多戰亂，是毀滅帶來的更多毀滅。原子彈是丟進池塘的大石，激起無限水波，從故鄉離散異地的臺灣人，在遠遠角落也卑微到難以閃躲。

年輕的知識分子的夢：楊基振的奮鬥

戰後顛沛的這些臺灣人，到底，當初是懷抱怎樣的想望而遠走？遭遇怎樣的歷史局勢左右？如何度過終戰的那段動盪？一連串的問號，或許只是委婉在探問另一個根本問題：日治時期「臺灣人」身分是何處境？

這些海外臺灣人，地理分布廣闊，經驗頗有差異，可惜保存完整資料的人不多。僅存者也都邁入老年，記憶逐日消散，只有幾名知識分子還記著生命故事。

楊基振，就是這些海外臺灣人之一。楊基振出身臺中清水的望族，自幼受有良好教育，父親在出生前即過世，母親盯著他從漢學私塾、清水公學校，一路讀到臺籍日語教師搖籃的臺中師範學校。

當時臺中師範是極嚴格的斯巴達式教育，不論臺灣學生或日籍學生，一律住校集體生活。然而，這一段與日本人近身相處的歷程，楊基振切膚體會到不平等的幽微深刻。在心態上，日本人有民族的優越感，時時因瞧不起臺灣人而生糾紛；在權力上，負責管教者是日

圖 9-1 楊基振（右一）與早稻田大學中國留學生合影
來源：黃英哲等編譯，《楊基振日記：附書簡・詩文》。

本籍老師，每有衝突最後總是臺灣生被迫道歉、接受處罰。楊基振少年時期就置身這種多重不平等情境，不斷在衝撞自尊。

情感濃烈的楊基振，痛苦持續不停，終至無法抑住淚水，鎮日鬱悶憂愁。母親看到這個樣子十分心疼，決心讓他離開學校，並籌措前赴日本的學費，期待他擺脫眼下陰鬱、未來揚眉吐氣。

一九二六年楊基振遠赴東京，投靠三十四歲的堂兄楊肇嘉。

楊肇嘉前一年才為了臺灣議會設置請願運動，與林獻堂、邱德金、葉榮鐘等人代表臺灣人民來到日本。這個經驗，讓楊肇嘉體認到自己只是日本京華商校畢業生的不足，應當繼續求學才能有更多作為。因此，楊肇嘉舉家遷往東京，也幸運租到了一棟多個房間的大宅。此後，小石川區武島町七番地的這戶房子，就陸續收留了二十幾名的臺灣留學青年。當然包括了隔年來到的楊基振。

在東京念了兩年中學，楊基振考入早稻田第一高等學院。因為少年時期在臺灣體驗了不平等，來到殖民母國日本領受自由蓬勃的知識風氣，並能接觸西方的馬克思主義和中國的三民主義，此時的楊基振，真正是胸中充滿理想的青年。他立志未來為解放殖民地臺灣、打倒帝國主義都能盡一份力。後來就讀早稻田大學政治經濟學部，也是出於這一份志願。

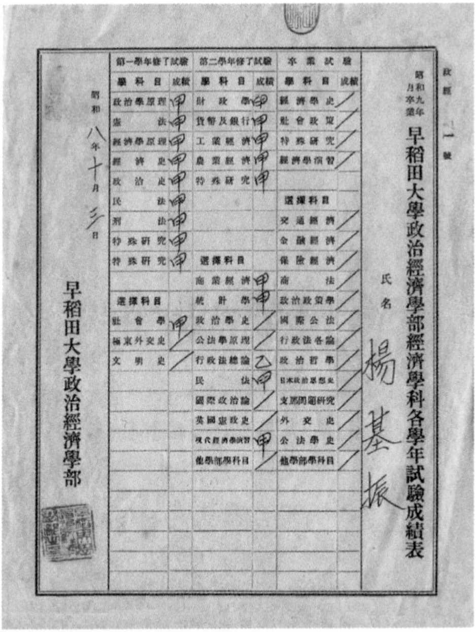
政經 一號
昭和九年 月卒業
早稻田大學政治經濟學部經濟學科各學年試驗成績表

第一學年修了試驗		第二學年修了試驗		卒業試驗	
學科目	成績	學科目	成績	學科目	成績
政治學原理	甲	財政學	甲	經濟學史	
憲法	甲	貨幣及銀行	甲	社會政策	
經濟學原理	甲	工業經濟	甲	特殊研究	
經濟史	甲	農業經濟	甲	經濟學演習	
政治史	甲	特殊研究	甲		
民法	甲			選擇科目	
刑法	甲			交通經濟	
特殊研究	甲			金融經濟	
特殊研究	甲	選擇科目		保險經濟	
		商業經濟	甲	商法	
選擇科目		統計學	甲	政治政策學	
社會學	甲	政治學史		國際公法	
極東外交史		公法學原理		行政法各論	
文明史		行政法總論	乙	政治哲學	
		民法	甲	日本政治思想史	
		國際政治論		支那問題研究	
		英國憲政史		外交史	
		現代經濟學演習	甲	公法學史	
		他學部學科目		他學部學科目	

氏名 楊基振
昭和八年十一月三日
早稻田大學政治經濟學部

圖 9-2 楊基振早大政經學部試驗成績表
來源：黃英哲等編譯，《楊基振日記：附書簡・詩文》。

圖 9-3 南滿洲鐵道株式會社位在大連的總部
來源：Wikimedia Commons

楊基振結交了不少有志青年。他們會漫步在秋日黃昏霧濛濛的東京街頭，開心分享自由的大學生活，在月亮逐漸升到樹梢時，他們回到住處，還會繼續暢談東亞局勢、民族運動、社會革命。進步的夢想，支撐他們的生活，流過他們滿腔的熱血。

看看楊基振一九三三年刊登在《フォルモサ（福爾摩沙）》創刊號的處女作〈詩〉，就能體會他高亢奔放的情懷是多麼豐沛了：

> 憧憬喲　希望喲／倆給我以生命之力／倆使我的思想發揚／沒有倆／我決難生存在世上／假如要到墳墓裏去／我也要和倆同往……／我願和倆一塊兒存亡

「倆」所指的，就是「詩」。詩，既是詩歌，同時也是詩歌代表的語言、思想、文明、文化。他在語言形式採用中國白話文，詩句內容則透露無比的崇敬，似乎在暗示他對中國近代革命以及五四文化運動的嚮往。

確實，年輕的楊基振很早就悟到，若想解放臺灣，就須借助中國之力。因此，留學日本期間，他努力學習北京話、與中國學生打交道，利用各種機會前往中國遊歷，甚至旁聽北京大學、師範大學知名教授的課程，希望更深入確實地理解中國。

大學畢業的楊基振，憑著優異成績，錄取了許多人人稱羡的日本大企業，可是他最終選擇了南滿洲鐵道株式會社，只因他不忘心中的理想，而想要進一步瞭解日本在中國、滿洲國建設的實情。

圖 9-4 楊基振擔任大連列車實習車掌，一九三五年三月八日攝。
來源：黃英哲等編譯，《楊基振日記：附書簡・詩文》。

當時的人們，還無法擁有歷史的後見之明，無法看懂滿洲國是日本的傀儡政權。許多知識人真心相信「王道樂土，五族協和」的建國理念，而且滿洲國也提供較為平等的工作條件。

就這樣，滿洲國吸引了不少臺灣人前去謀求發展。這裡，沒有臺灣人與日本人的差別待遇，也沒有人會料想誰是漢奸。

進入滿鐵公司以後，楊基振工作認真，迅速獲

圖 9-5 楊基振（第一排左二）參與之啟新洋灰公司北京辦事處成立 來源：黃英哲等編譯，《楊基振日記：附書簡・詩文》。

得升遷。一九三七年盧溝橋事變、日軍進占華北之後，他轉職華北交通株式會社，持續升遷，擔任副參事。快速升遷、事業有成的歲月，應該是一生中最光榮的時刻了。

然而，楊基振內心也不是沒有衝突和矛盾。理想高亢的他，其實也因為無法反抗日軍勢力而苦惱，但是他已經懂得苦惱可以轉化為其他力量。他充分利用職務的實權，快速統一了華北八鐵道的運費，推動了諸多建設和制度改正。這些做法，都是他在減少戰爭的損害、增進中國地方建設的努力。

出身臺灣一介常民，在時局洪流之下，想要隻身抵禦甚或力挽狂瀾，最後恐怕只會成為歷史塵埃。反而，堅持個人想望、在夾縫盡力求生，似乎更是有效的微型柔性抵抗。楊基振是知道這個道理的。

在任職華北交通期間，他還參與中日合資的民間企業啟新水泥公司，並且憑靠人脈與手腕，盡可能排除日本人介入。

戰火和日常錯綜，妥協和堅定交織，楊基振游離在中國與日本之間，守著自己青年時期的憤慨與理想。他的時間就於極度的喧囂當中，即將步入一九四五年。

彷彿在君父的城邦：張深切的反抗

把歷史往前推回到一九二三年，比楊基振年長七歲的文化人張深切，在這一年離開臺灣前往中國。張深切和楊基振一樣，都有一股深深的中華民族情懷，然而兩人的際遇卻大大不同。張深切出生於南投，幼年就過繼給經營樟腦館的張玉書，而在一個頗富裕的環境長大。張深切也和楊基振一樣，小時先在傳統書房接受古典的漢文化教育，年紀稍長再進入公學校。

張深切十四歲那一年，家中沾染了當時臺灣富有階級的留學風。期待比臺灣更良好的資源、更平等的對待，張深切一九一八年就被送到東京。因為年紀輕輕，所以編入傳通院礫川小學校，降階從五年級讀起。

也許就是年紀輕反而可塑性高，沒多久，張深切的外觀、行為、思維，已經很像一般的當地小孩，心靈也全面認同日本。幼時學習的古典漢文，早已淡忘。他乖乖讀完小學校、循序進入中學校，張深切自認是不折不扣的日本人，熱心學習日本文化，努力修練劍道。

沒有想到，一次劍道的小意外，竟撞擊出張深切的大反省。

有一回劍道練習場合，張深切被一名老師的竹劍打到，他回嘴兩句衍生了衝突。那位老師嘴巴嚷著張深切太過嬌慣，需要磨練，脫口罵出「チャンコロ（清國奴）」。這是當時日本人對中國人的蔑稱。張深切不太開心，這時來了另一位老師幫著張深切講話，認為遠道從臺灣而來的他，應該好好受到關照。結果這番勸解，引來進一步的反唇相譏：

臺灣人也是支那人！

臺灣人也是支那人？這話擊中張深切剛剛建立的日本認同，玻璃心發出清脆的破碎聲。日本人，臺灣人，中國人？自己是什麼人？自己選擇的，就一定能被他人認可嗎？

那一年是一九一九年，正好是中國五四運動、韓國三一運動的年分。整個亞洲都在追尋獨立、自主、進步。三年之後的一九二二年，這陣風吹進臺灣，鼓動了議會設置請願運動，促成了臺灣文化協會。遠在東京的張深切，從中學校的東洋史課程更瞭解近代中國的命運，他讓自己也捲入東亞風起雲湧的氛圍。

終於，一九二三年底，張深切懷著竹劍燃起的民族情懷，遠眺憧憬的中國，決心走一趟。熱血驅使張深切來到中國，走訪了上海、南京、蘇州、廣東，先後加入許多基進的青年團體。在上海，他和蔡孝乾、林維金、謝雪紅一起創設了臺灣自治協會；在廣東，他也參與了廣東臺灣革命青年團。他頻繁地進出社會運動，批判臺灣總督府的殖民統治，提倡民族自治與獨立。

一九二七年，張深切暫時回到臺灣，一方面籌措廣東臺灣革命青年團的資金，一方面加強對臺工作，卻碰上臺中一中「炊飯事件」。

這個事件，起因臺中一中學生宿舍的日籍廚師夫婦，因為歧視臺灣人且疏忽飲食衛生，引起了學生抗議。後來校長下村虎六郎處置不公，偏袒廚師夫婦，又再激起學生罷課。其實在學生背後下指導棋的人，就是張深切。

事件鬧大之後，數十名學生遭開除學籍，張深切被捕入獄，判處三年徒刑。張深切的熱血在坐牢期間稍稍冷卻，他安靜反思年少以來的主義與思想，領悟了社會運動的核心，必須是文化啟蒙。

一九三〇年出獄後，他轉而組織「臺灣演劇研究會」，嘗試以舞臺喚醒更多民族精神。不過，警察不是省油的燈，他們盯著張深切的前科，監控著他的戲劇活動，不時刁難，張深切不勝其煩。

轉向文化啟蒙的張深切，活動精力依舊不衰。一九三四年臺灣全島性進步作家組織「臺灣文藝聯盟」成立，首度大集結北中南文藝界。張深切是核心成員，並且當了委員長。他一貫秉持民族主義立場，抵抗日本帝國主義的殖民，主張臺灣的文學「不該建築在既成的中國、日本、歐美路線，而應建築在臺灣的『真』、『實』之上」。

然而時局變化之快，無人能預料。張深切回到臺灣十年後的一九三七年，中國和日本全面開戰。總督府在臺灣推行「皇民化運動」啟動國民精神總動員，對臺灣的文化活動，也更加嚴格地監視與取締。

張深切的外在行動，隨著皇民化加劇而遭警察加強掣肘。張深切的內心情緒，則因為留在臺灣遠看中國與日本開戰，民族情緒也突然陷入進退失據的糾結——日本應該是敵人，中國又未必把臺灣當友軍。

內在與外在兩相煎熬的張深切，一九三九年再度下定決心遠離臺灣，前往北平。這一回，他學會了不需正面抵抗、迂迴才是巧妙。

他一方面利用「臺灣人」這個連結中國與日本的特殊身分，前往已歸日軍管轄的華北地區，謀得北平國立藝術專科學校訓育主任一職。另一方面，則透過日本軍系人士資助，擔任《中國文藝》雜誌的主編。

這份雜誌，雖然言論不能明目張膽支持中國或反對日本，而只能登登看似政治空明的散

圖 9-6　一九三九年張深切在北平國立藝專上課，背後是日本占領華北時的五色旗，代表五族共和。　來源：張深切，《張深切與他的時代（影集）》。

文、隨筆。但是啊，戰爭期、淪陷區的敏感時空，再加上有日本軍系人士的資助，整本書卻只重文藝而不特別幫日軍進行戰爭、文化的宣傳。這種刻意抹消政治立場的作為，反而最是政治。

他熾烈的民族情感，繞著臺灣、日本、中國飄移，難以找到依歸。政治運動、坐牢、沉潛文藝，接連的困境，接連的抵抗，張深切一直在另尋出路，卻總須遠走他鄉。最後，駐足中國迎向他的一九四五年。

漢奸的控訴

楊基振、張深切，兩名終戰前夕置身中國的臺灣人，他們有著對反的命運：楊基振一路求學求職順遂，最後進入日本帝國半官方的華北交通公司，安身於體制的溫床；張深切沿途逃逸既成規矩的路線，屢屢變革與抵抗而吃盡苦頭，飽嘗了體制的箝制。

他們則同樣深刻感嘆過身為臺灣人的矛盾。他們都看見殖民結構的不公平，也都曾燃起心中壯志，想要一展理想。楊基振的人生，從不與體制正面作對，而在其中進行微型抵抗；張深切則在正面衝撞之後，體悟了消極、靜態手段之必要。

巧合的是，兩人在戰爭愈演愈烈的關頭，都選擇來到中國華北淪陷區活動。不，也許不是巧合，而是同樣想從體制掌控逃脫的人，在歷史關鍵時機之必然選擇。

回到楊基振的身上。

一九四五年三月，楊基振內心掙扎矛盾，加上公司內部情況轉亂，辭意一出，就離開了華北交通。他全職在啟新水泥公司工作。其實，他早就感受日軍士氣的低迷，心中也一直期待終戰的到來。

八月十一日，楊基振首次從廣播聽到日本可能投降的消息，心中一半是喜，卻也一半是憂。喜的是，盼望已久的和平終要到來，憂的是，當天經濟走勢的金銀、股價都大幅波動，楊基振蒙受不小損失。現實總比想像的更複雜，根本劃不出好壞、善惡、喜憂的界線。之後的幾天，廣播又有不同的言論，他也不禁迷惘了起來。

八月十五日這天，楊基振起了個大早，梳洗打理，趕搭快車前往天津參加一場股東大會。

就在他踏進會場的時候，聽見了廣播傳來日本國歌〈君之代〉的旋律；旋律在他心中大聲地迴盪著，彷彿預告著什麼重大的事情。隨後，則是一段難以理解的艱澀語言：「朕深鑑世界大勢與帝國現狀，欲以非常措置收拾時局，茲告爾等忠良臣民……」接著，又是〈君之代〉的旋律。

他佇立到最後，聽完鈴木內閣總理大臣的演說，腦海中則浮現過往這八、九年，戰爭開打以來的種種景況，他看到的苦難，他內心的糾結，一切的一切，如影片膠卷迅速閃逝而過……。

戰爭就這樣正式結束了。楊基振懷抱滿腔喜悅，寫下這一天的日記：

年少以來對日本的仇恨心讓我寧願前往中國，今天還得以親眼見到日本投降的一天。如此一來，故鄉臺灣事隔五十餘年後回歸中國，從悲慘的命運中解放，從此永遠接受祖國的擁抱。如作夢般，我流下欣喜的淚水。……日本自明治維新蓬勃發展以來，短短五十年陸續奪取朝鮮、臺灣、滿洲、樺太等地，如今一切回歸原狀。這全是日本軍閥的錯。

終戰這一天，楊基振過得平靜，一切彷彿真的重見和平了。然而，真能如他所想，「回歸中國」幾個字就這麼輕描淡寫等同於「回歸原狀」？

他沒有料到，就在日本投降之後、盟軍及國民黨軍隊接收之前的幾天，共產黨八路軍覬覦起工廠的設備來了。當地治安原本就亂，這一來更是槍砲四射。最後，還是仰賴日軍來維護治安，日子才勉強能過。住在唐山的楊基振，此時提筆感嘆：

和平應該和秋陽一齊上來，然而唐山的四周倒而一天加累一天，夜裡郊外又是槍聲又是大雨。

過了十月，日軍與盟軍交接之後，輪到國共對抗登場，局勢又要動盪。但是，這還不是最慘的。十二月底，楊基振家裡突然警察和憲兵闖上門，聲稱有人檢舉他是漢奸。

楊基振不僅遭到逮捕，他在華北的所有財產，房屋、店面、股票、收藏，一個月之內幾乎全數遭到官方查封，有的則被私人侵占。楊基振大病一場，等到慢慢痊癒，妻子已因之前積累的疲勞與肺疾，先他一步辭世。

戰爭結束，和平未如想像到來；命運之輪轉動更加急遽，一眨眼，半生順遂的楊基振，在希望所託的中國，失去他的所有。只能重回故鄉臺灣了。他的日記，至此沉痛不已：

想到光復時還歡天喜地成為中國人，更毋寧令人覺得可笑又瘋狂。成為中國人所帶來的現實苦惱，竟是如此深痛。

重生之日，幻滅之日

另一邊，逃至中國的張深切，同樣未找到安身立命的憑靠。

雖然擔任《中國文藝》的主編，但好景並不長久。因為，張深切一直是特務跟監的對象，再者，日本軍方支持的《中國文藝》其實是日本文化作戰的外圍雜誌。

做為日中文化橋梁的張深切，曾為了編輯雜誌而與當地文化圈的人物，如周作人通信，他們討論如何避免日方干涉，一度走著抹消政治色彩的消極曖昧路線，但日方的壓力仍然不消退。

張深切只能時時戴上假面，對淪陷區的日本人虛以委蛇。張深切在之後如此自白：

我不否認我的作風是虛偽奸詐，但相信這是對敵人應取的戰術。我天天像空中飛人在日本刀刃上橫走，當然無法維持良久，總有一天會失足摔下來的。

他的預感是對的。聘用張深切的日軍高層突然調離北平，張深切頓失靠山。接下來，逐漸有流言指控張深切「反日」，日本占領當局也對他露出疑色。最後，下場是辭去主編一職，還要離開中國藝術專科學校。即使逃離臺灣，還是逃離不了日本帝國的掌控。

戰爭愈趨激烈，張深切卻愈默然沉潛，有時去出版社工作，有時與人合夥經商，但都失敗告終。一九四五年四月的一天清晨，天色似明未明，粗魯的敲門聲驚響起。張深切醒來應門，幾名壯漢持槍闖入，一個矮個子的特工隨之進門，說要搜查屋子。

張深切和妻兒嚇呆原地，顫抖不已。壯漢凶狠走進房間，翻箱倒櫃，抓出所有紙類文書一一翻看，不願遺漏任何線索似的。最後，矮個子特工下令帶走張深切審問，妻兒只能哭著望他遠去。

後來才知有人密告張深切為抗日分子。上門逮人搜證的，是日本特工組織一四二〇部隊。拘留了將近十天，張深切遭到嚴厲審問無數回，不斷要求寫作許多文章，提供特工逐字逐句思想檢查。再無理的要求，都只能逆來順受。一四二〇部隊擁有超越軍法裁判的特權，甚至能狙殺不合作的逮捕者。

張深切的拘留程序，因為妻子機敏地四處求援，加上張深切在華北藝文圈也有點地位，以及認識雜誌社的軍方高層，最後查無實據飭回。幸好過程中，審問人員只給予精神的拷問，不敢在肉體留下折磨的痕跡。

圖 9-7 一九四三年，張深切（左一）接待來訪的楊肇嘉（右二）、楊基振（中）、吳三連（右一）同遊北京。
來源：張深切，《張深切與他的時代（影集）》。

雖然張深切僥倖全身而退，但隨時會判死的經驗，仍讓他十分挫敗。住在日軍統治的淪陷區，卻刷不掉「抗日分子」的標籤，內心時時不安。

八月十五日這天正好是張深切的農曆生日，生活平淡的他，日子和平常一樣。中午在家剛吃完飯，和妻子聊著晚上如何慶生，就聽見收音機的玉音放送。

聽著聽著，最深層的熱血又有點沸騰了。張深切情緒激昂，竟有些昏沉茫然。

傍晚，許多旅居北平的臺灣人，陸續集結到張深切家的院子，相互道賀，一同慶祝戰勝。突然，在這個最歡愉的時刻，張深切卻忽然有種強烈的孤獨，內心浮現一絲蒼涼。不知怎麼地，明明洗刷了抗日分子汙名，生日彷彿重生，卻生出了一種幻滅的難過。他就這樣嚎哭了起來。很多年後才自我剖白：

祖國勝利了，臺灣光復了，恨其不倒的敵國都垮下去了，誰不喜歡，誰不高興；但我呢，養育我的父母，生我的雙親都死了，他們臨終時沒有一位見著我，如今我又拿不出什麼可以安慰他們在天之靈，這不孝的大罪如何贖得？怎麼叫我不哭！

「白薯是不會說話的，但卻有苦悶！」

終戰確實帶來新生——如果「新生」的意義包括失去一切而重來。就如同楊基振失去一切，就如同張深切感到幻滅。也就如同許許多多身處異地的臺灣人，惶然面對未來。遺落在他鄉——也許是中國，也許是滿洲，也許是南洋——的那些記憶，人們也會逐漸忘卻。

鍾理和的散文〈白薯的悲哀〉，坦露臺灣人身分之悲，就是在寫置身中國的臺灣人終戰後的進退維谷。「北平沒有臺灣人，但白薯卻是有的！並不是沒有臺灣人，而是臺灣人把臺灣藏了起來！」他氣憤指稱面對中國的臺灣人為了自我保護而卑微地活。

臺灣人——奴才，似乎是一樣的。幾乎無可疑義，人們都要帶著侮蔑的口吻說：那是討厭而可惡的傢伙！

一九三八年就離開臺灣遠赴滿洲國工作的鍾理和，戰爭結束前有四年時間在北平經商、寫作。終戰後他感受不到祖國在哪裡，甚至不知道祖國是什麼。他記著有一回臺灣人的孩子要買「國旗」。

於是就有人走來問他：「你是要買哪國的國旗？日本的可不大好買了！」又有這樣子問他們的人：你們吃飽了日本飯了吧？又指著報紙上日本投降的消息給他們看，說：你們看了這個難受不難受？

終戰後的故事，既嘲諷又痛苦。終戰的臺灣原來還活在中國人與日本人的夾縫，他憤嘆：「有比這樣的話，更尖刻，更侮辱，更要刺傷人類的自尊心的嗎？」鍾理和甚至悠悠地宣稱：

臺灣，被葬在世紀的墳墓裡的……。

明明，戰爭結束了；明明，和平到來了。可是臺灣人還是這麼苦悶、這麼悲傷。為什麼？舊的秩序崩解，新的秩序重建，怎麼在戰爭前和終戰後，遠走異鄉的臺灣人都還游離在「國籍」這個秩序的邊緣？終戰這一天的最大意義，不是和平，而是讓他們發現自己游離的事實、讓他們發現期待與現實的差距。

也讓他們成為了雙重的異鄉人。

參考書目：

胡興華（一九九七）〈吳郭魚的傳奇〉，《漁業推廣》一二八期，頁三六—四二。
張季琳（二〇一四）〈張深切與下村湖人的對決：以臺中一中罷課事件為主〉，《中國文哲研究通訊》二四卷二期，頁一二一—一六二。
張炎憲、李筱峰、莊永明編（一九八七—一九九〇）《臺灣近代名人誌》。臺北：自立晚報。
張深切（一九九八）《里程碑（又名黑色的太陽）》。臺北：文經。

張深切（一九九八）《張深切與他的時代（影集）》。臺北：文經。
許雪姬訪問（一九九〇）《日治時期在「滿洲」的臺灣人》。臺北：中央研究院近代史研究所。
湯熙勇（二〇〇五）〈脫離困境：戰後初期海南島之臺灣人的返臺〉，《臺灣史研究》十二卷二期，頁一六七—二〇八。
湯熙勇（二〇〇五）〈集中營、審判及遣返：臺灣人在東南亞（一九四五—一九四八）〉，發表於「二〇〇五年臺灣的東南亞區域研究年度研討會」。埔里：國立暨南大學東南亞研究所主辦。
湯熙勇（二〇〇七）〈烽火後的同鄉情：戰後東亞臺灣同鄉會的成立、轉變與角色（一九四五—四八）〉，《人文及社會科學集刊》十九卷一期，頁一—四九。
黃英哲（二〇一六）《漂泊與越境：兩岸文化人的移動》。臺北：國立臺灣大學出版中心。
楊基振原作，黃英哲、許時嘉編（二〇〇七）《楊基振日記：附書簡、詩文》。臺北：國史館。
楊肇嘉（二〇〇四）《楊肇嘉回憶錄》。臺北：三民書局。
鍾理和（二〇〇九）《新版鍾理和全集》。高雄：高雄縣政府文化局。
藍適齊（二〇一六）〈「帝國」（未盡）的殖民／戰爭責任：二戰後在香港被拘留遣返的臺灣平民〉，收入呂芳上編《戰爭的歷史與記憶（四）：戰後變局與戰爭記憶》，頁一八七—二二二。臺北：國史館。

「歷史 那一天」讀書會與《終戰那一天》的書寫

國立臺灣歷史博物館

這是一個史學與文學合作、展覽與創作合作、讀書與書寫合作的美好實驗。

二〇一四年，國立臺灣歷史博物館（以下簡稱臺史博）正忙於規劃隔年紀念終戰七十週年的「二戰下的臺灣人」特展，但也期望展覽能夠調整博物館知識生產的方式，也希望內容投進博物館向來關注的常民、生活的觀點。

於是，臺史博研究員謝仕淵、陳怡宏與王美雯，以及臺史博的志工群：李俊慶、黃書翰、黃清雲、葉永欽、潘幗華、陳柏湘、鐘幸玲，組織了讀書會「歷史那一天」。讀書會設定以終戰日一九四五年八月十五日的多元記憶為題，從已出版的回憶錄、口述歷史，加上讀書會成員的訪談，整理出不同區域、年齡、職業的社會行動者各自的終戰經驗。

讀書會之所以強調「那一天」，主要是希望交融「一日之歷史」與「一人之歷史」，累積出足夠的材料，以與化約性、整體性、後設性的史論對話。如此，才能為這場已遭兩種特定國族觀點詮釋的戰爭，重新找到不同的理解路徑，讓戰爭歷史的焦點回到人的身上。

讀書會從九十七本已出版資料，整理出一五一份終戰日記憶，其中男性為一三五人、女性為十六人，性別比例其實嚴重失衡。另外也有世代差異，老長者有林獻堂，年輕的甚至那天才僅十歲，所處地點則遍及臺灣、日本、滿洲、南中國、南洋各地。

這份大約六萬多字的資料，即為「二戰下的臺灣人」特展的部分素材，並由王美雯、陳怡宏、謝仕淵合寫為〈一九四五年八月十五日臺灣人的終戰記憶〉一文，讀書會也一直繼續協助「二二八事件」、「解嚴三十年」特展的策展至今。

終戰記憶的資料，臺史博除了透過公共化的展覽途徑，也很期待不同學科的對話與演繹，以激盪更多成果。由蘇碩斌統籌、臺灣文學研究者共著的《終戰那一天》之出版，就是博物館參與前期討論，並協助資料及圖片提供，延伸轉化為具體成果的合作案例。臺史博樂見這個策展成為啟發《終戰那一天》的基礎。歷史資料增添了文學筆法，有著更多細膩的心理刻劃，面對終戰日、一個時代開始與結束，經由文學敘事，當能有另一種的深刻體會。

臺史博「歷史 那一天」的計畫，從最初發想至今，已經歷三年多，而今《終戰那一天》出版，讓終戰的討論持續享有能見度，彷彿活在一九四五年八月十五日那一天的他們，對著活在當代的我們娓娓訴說。於是，史學與文學在學術方法論的差異已經不重要，讓歷史進入當代社會、與文學維持對話，正是臺史博熱切期待這樣合作的原因。

作者簡介（依篇章順序排列）

蘇碩斌 戶籍在臺北，出身於臺南，原修讀社會學，現任教文學所。研究都市、觀光、媒介，日常以三餐、甜點及咖啡為主節奏而往復前行，最近在思索文學如何介入社會，順便期待後現代的人類解放。

江昺崙 薑餅人，政大臺文所碩士、臺大臺文所博士班念不完。曾經在宜蘭種過稻米、在國會當過兼任助理、網路媒體想想論壇的工作人員，目前在彰化縣溪州鄉公所服務。

吳嘉浤 七十八年次的臺中人，臺大臺文碩畢，不務正業的博士班學生。對太陽花運動的幻滅，從社運的龍套，轉為專職的工運組織者。現服務於桃園市產業總工會、桃園環保局工會，努力對抗這個世界的虛無。

馬翊航 池上長大的卑南族，父親來自 Kasavakan 部落。臺大臺文所博士，現為《幼獅文藝》主編。喝酒，寫詩，寫散文。知道文學有到不了的地方，但要認真相待。

楊美紅 臺南人，在臺南念書、工作、養狗，對臺南沒有非常熟（觀光客知道的我常不知道）。曾任媒體記者、編輯，現兼職博士生。期待有日能好好思考、寫作與閱讀，隨意遊走文學與歷史的縫隙中。

蔡旻軒 高雄港和馬公港的孩子。從臺北教育大學臺灣文化研究所畢業，現在在臺大臺文所讀博士班，並且於臺灣文學學會擔任執行祕書。

張琬琳 以為文學可以改變臺灣社會多一點，所以臺大臺文博班不務正業念好久，曾經也在臺文奮起時期當臺大助教當好久，如今證明它並不能改變什麼。酷嗜文學、音樂和流浪，持續奔走各地，當官僚和財閥最討厭的文化恐怖分子。

周聖凱 視覺年齡二十四歲，喜歡羊駝。現為桃園市空服員職業工會祕書、長榮航空企業工會祕書。努力在犬儒和宣傳機關之間，摸索左翼文學的林中地。

蕭智帆 一九八八年生的嘉義人，中興臺文所碩士，目前卡關臺大臺文所數年，慢慢可以適應並享受這種原地坐看人間風景的冷僻樂趣。胸無大志，希望至少能成為童年的自己所喜歡的樣子。

盛浩偉 一九八八年生，臺大臺文所碩士畢業。總是在預定的計畫裡走上出乎意料的路，研究日治時期日本人寫的古典漢文學，志向卻是當下的文學創作。出版散文集《名為我之物》，與他人合著《華麗島軼聞：鍵》、《暴民畫報》等。

島嶼新書
33

終戰那一天：臺灣戰爭世代的故事

作者——蘇碩斌、江昺崙、吳嘉浤、馬翊航、楊美紅、蔡旻軒、張琬琳、周聖凱、蕭智帆、盛浩偉
執行長——陳蕙慧
總編輯——張惠菁
責任編輯——莊瑞琳、盧意寧、盛浩偉
行銷總監——陳雅雯
行銷企劃——尹子麟、張宜倩
封面設計——王小美
排版——丸同連合studio
寫作計畫協力——林月先
本書感謝國立臺灣歷史博物館的出版協助，以及「無邊界大學 NTU @ Taipei」贊助部分研究考察經費。

國立臺灣歷史博物館 National Museum of Taiwan History

社長——郭重興
發行人兼出版總監——曾大福
出版——衛城出版／遠足文化事業股份有限公司
發行——遠足文化事業股份有限公司
地址——二三一四一 新北市新店區民權路一〇八－二號九樓
電話——〇二－二二一八一四一七
傳真——〇二－八六六七一〇六五
客服專線——〇八〇〇－二二一〇二九
製版——瑞豐電腦製版印刷股份有限公司
法律顧問——華洋法律事務所 蘇文生律師
初版一刷——二〇一七年十二月
初版十刷——二〇二二年十二月
定價——三八〇元

國家圖書館出版品預行編目資料

終戰那一天 / 蘇碩斌等作. -- 初版. -- 新北市：衛城出版：遠足文化發行，2017.12
面； 公分. --(島嶼新書；33)
ISBN 978-986-95334-8-5(平裝)

1.臺灣史　2.第二次世界大戰　3.通俗史話

733.288　　106022060

填寫本書線上回函

ACRO POLIS 衛城

email acropolis@bookrep.com.tw
blog www.acropolis.pixnet.net/blog
facebook http://zh-tw.facebook.com/acropolispublish

● 親愛的讀者你好，非常感謝你購買衛城出版品。
我們非常需要你的意見，請於回函中告訴我們你對此書的意見，
我們會針對你的意見加強改進。

若不方便郵寄回函，歡迎傳真回函給我們。傳真電話 —— 02-2218-1142

或上網搜尋「衛城出版 FACEBOOK」
http://www.facebook.com/acropolispublish

● 讀者資料

你的性別是 □ 男性 □ 女性 □ 其他

你的職業是 ____________ 你的最高學歷是 ____________

年齡 □ 20 歲以下 □ 21-30 歲 □ 31-40 歲 □ 41-50 歲 □ 51-60 歲 □ 61 歲以上

若你願意留下 e-mail，我們將優先寄送____________衛城出版相關活動訊息與優惠活動

● 購書資料

● 請問你是從哪裡得知本書出版訊息？（可複選）
□ 實體書店 □ 網路書店 □ 報紙 □ 電視 □ 網路 □ 廣播 □ 雜誌 □ 朋友介紹
□ 參加講座活動 □ 其他 ________

● 是在哪裡購買的呢？（單選）
□ 實體連鎖書店 □ 網路書店 □ 獨立書店 □ 傳統書店 □ 團購 □ 其他 ________

● 讓你燃起購買慾的主要原因是？（可複選）
□ 對此類主題感興趣
□ 覺得書籍設計好美，看起來好有質感！
□ 議題好熱，好像很多人都在看，我也想知道裡面在寫什麼
□ 其他 ________
□ 參加講座後，覺得好像不賴
□ 價格優惠吸引我
□ 其實我沒有買書啦！這是送（借）的

● 如果你覺得這本書還不錯，那它的優點是？（可複選）
□ 內容主題具參考價值 □ 文筆流暢 □ 書籍整體設計優美 □ 價格實在 □ 其他 ________

● 如果你覺得這本書讓你好失望，請務必告訴我們它的缺點（可複選）
□ 內容與想像中不符 □ 文筆不流暢 □ 印刷品質差 □ 版面設計影響閱讀 □ 價格偏高 □ 其他 ________

● 大都經由哪些管道得到書籍出版訊息？（可複選）
□ 實體書店 □ 網路書店 □ 報紙 □ 電視 □ 網路 □ 廣播 □ 親友介紹 □ 圖書館 □ 其他 ________

● 習慣購書的地方是？（可複選）
□ 實體連鎖書店 □ 網路書店 □ 獨立書店 □ 傳統書店 □ 學校團購 □ 其他 ________

● 如果你發現書中錯字或是內文有任何需要改進之處，請不吝給我們指教，我們將於再版時更正錯誤

請沿虛線剪下

廣告回信
臺灣北區郵政管理局登記證
第 1 4 4 3 7 號

請直接投郵•郵資由本公司支付

23141
新北市新店區民權路108-2號9樓

衛城出版 收

● 請沿虛線對折裝訂後寄回，謝謝！

ACROPOLIS 衛城出版

島嶼新書